现代企业财务管理与人力资源服务研究

韩　雪　张少芳　段晓庆◎著

吉林人民出版社

图书在版编目（CIP）数据

现代企业财务管理与人力资源服务研究 / 韩雪 , 张
少芳 , 段晓庆著 . -- 长春 : 吉林人民出版社 , 2024.
11. -- ISBN 978-7-206-21681-7

Ⅰ. F275；F249.1

中国国家版本馆 CIP 数据核字第 2024J41N66 号

责任编辑：王　斌
封面设计：清　风

现代企业财务管理与人力资源服务研究
XIANDAI QIYE CAIWU GUANLI YU RENLI ZIYUAN FUWU YANJIU

著　　者：韩　雪　张少芳　段晓庆
出版发行：吉林人民出版社（长春市人民大街 7548 号　邮政编码：130022）
咨询电话：0431-82955711
印　　刷：三河市金泰源印务有限公司
开　　本：787mm×1092mm　　1/16
印　　张：10.75　　　　字　　数：140 千字
标准书号：ISBN 978-7-206-21681-7
版　　次：2024 年 11 月第 1 版　印　　次：2024 年 11 月第 1 次印刷
定　　价：68.00 元

前　言

　　在当今时代，人力资源已成为企业不可或缺的重要资源之一。面对全球化与互联网的双重挑战，我国企业要想在激烈的市场竞争中脱颖而出，实现长远发展，就必须将人力资源管理置于至关重要的位置。人力资源之于企业，犹如宝贵的无形资产，是推动企业持续发展的核心动力。

　　在激烈的市场竞争中，人力资源管理扮演着决定企业成败的重要角色，它赋予企业非凡的创造力，是推动企业经济增长的核心资源，是企业发展不可或缺的经济基础。相较于物质资源，人力资源的作用往往更为重要，能够引领企业创造更为可观的价值。财务管理，作为企业组织财务活动、协调财务关系的一项至关重要的经济管理工作，贯穿于企业经济活动的方方面面，构成了企业管理的中枢环节。鉴于企业决策的独特性，人力资源管理理应受到高度重视，同时，财务管理也应逐步向人力资源领域倾斜，以实现人才与资金的效用最大化，共同推动企业稳健前行。

　　企业的财务管理与人力资源管理紧密相连，后者更是前者不可或缺的一环。因此，企业在经营管理过程中，应把人力资源管理和财务管理视为两大核心支柱，予以充分融合。企业应重视人的价值，让财务管理渗透到人力资源管理之中，妥善处理好财务活动中涉及的人与人之间的经济关系，以此激发员工的工作热情，挖掘他们的各项潜能。通过实现财务管理与人力资源的有机结合，企业将能够步入协调发展的快车道。

　　本书写作时参考了大量文献与资料，并引用了众多专家学者的研究成果，对此深表感谢。由于水平有限，书中可能存在不足之处，欢迎读者批评指正。

目　录

第一章 现代企业财务管理

第一节 现代企业财务管理概述

一、企业财务管理的基本任务

企业财务管理的核心工作是规划、控制、核算、分析和评估财务收支，合法筹集资金，高效利用资产，以提升经济效益。

（一）选择筹集渠道，降低资金成本

确保企业生产经营活动持续进行并提升资金利润率的关键，在于正确且及时地筹集资金。筹集资金必然会产生一定成本，这包括资金占用成本（例如借款、债券及股息利息）和筹集过程中的费用（如股票发行、债券注册等开支），统称为资金成本。因此，企业在筹集资金时，必须仔细权衡资金成本，正确地选择筹资途径和方法，既要确保筹集到所需资金，又要尽量降低筹资成本，从而构建科学、合理的资金结构。

（二）协调各项资产，提升经营效果

管理资产时，需结合企业特点，从基础做起，以提升经济效益为目标，合理选择经营策略和资产投资方向。要协调好资产、负债、费用和利润的关系，确保资产得到科学运用，使产品结构、资源利用和盈利水平达到最优，从而不断提升经营效益。

（三）降低成本费用，增加企业盈利

要降低成本费用，就得在生产经营中有计划地管理人力、物力和财力的使用。这需要根据企业的生产任务、消耗标准及其他相关条件，来合理管控各项生产经营开支。在准确核算成本费用的前提下，我们要深入分析生产经营的耗费水平和企业的盈利状况，以便发现经营中的问题，并提出改进方案，从而优化企业的经营管理。同时，要积极开拓新的市场渠道，采用先进的营销策略，来增加企业盈利。

二、企业财务管理的目标

财务管理构成了企业管理的一个重要组成部分，它专注于资金的获取及其高效利用。传统的企业运营模式主要关注的是如何实现最大的盈利。但是对现今的企业来说，仅满足于此是远远不够的，其还需要努力达到股东利益的最优化及公司总体效益的最大化。所以，现在的企业运营理念需要财务管理部门不仅仅只是专注于融资工作，更应该保证资金的高效利用与合理分配。

对于股份公司的评估，尤其是上市公司的价值评估，我们通常会以其股票价格作为参考。看似错综复杂、不断波动的股价其实是公司财务管理目标实现情况的一个直观体现。股价的波动是外部环境和管理决策的综合作用所致。管理决策是公司内部可控的因素，由公司管理层掌握；而外部环境因素则超出了管理层的直接掌控范围。从可控的角度来看，股价的高低主要取决于企业的回报率和风险水平。这两个指标受到企业投资项目选择、资本结构安排及股利政策制定的影响。因此，我们可以说，投资项目、资本结构、股利政策、回报率和风险这五个要素共同影响着企业价值的形成。财务管理依靠精心制定投资、融资和股利决策来提高企业回报率，降低风险，实现财务管理目标。另一方面，企业的外部环境因素，也称为财务管理环境或理财环境，构成了企业财务活动的重要外部限制条件。这些外部环境因素对企业财务决策产生的深远影响，往往难以通过内部决策改变。因此，企业财务决策更多的是在适应这些外部环境要求和变化。财务管理环境范畴广泛，其中关键的是法律环境、金融市场环境和经济环境。

三、财务管理的对象与内容

财务管理是负责筹集、运用和分配资金的工作，它关注资金的流动过程，包括筹资、投资和股利分配三大方面，其核心职能在于决策制定、计划安排和过程控制。

（一）财务管理的对象

财务管理主要聚焦于资金管理，特别是资金及其流动过程。资金流动的起始和终点均为现金，而其他资产不过是现金在流动过程中的各种形态变化。因此，我们也可以将财务管理的核心对象看作现金及其流动。此外，财务管理还会触及成本、收入及利润等领域。从财务角度来看，成本和费用代表着现金的支出，而收入和利润则代表着现金的流入。财务管理在这些方面的探讨，主要着眼于它们与现金流动的关系，这与一般的成本管理、销售管理以及单纯的会计记账工作有所不同。

（二）财务管理的主要内容

1. 筹资

企业资金根据其投资者的权益差异，被划分为权益资金和债务资金两大类。权益资金涵盖了所有者投入企业的本金，以及企业在运营过程中累积的资本公积、盈余公积和未分配利润，这些资金的所有权归企业所有者所有。而债务资金则包括企业的流动负债和长期负债，其所有权则归属于企业的债权人。筹资，作为企业财务管理的基础，要求企业科学、准确地确定所需资金规模及资本结构，并正确地选择筹资方式，力求降低资金成本和筹资所带来的风险。

2. 投资

企业筹集资金的主要目的就是为了进行投资。这种投资活动可以细分为对内投资和对外投资。对内投资是指将资金投入企业内部，主要用于购买流动资产、固定资产、无形资产以及递延资产等。而对外投资则是将资金投向企业外部，其形式多种多样，可以根据不同标准划分为外购与自建、合资与独资、设立子公司与分公司、购买股票与债券等。对内投资所形成的各类资产，是企业直接用于生产经营的经济资源，在经营过程中会逐渐消耗。因此，资金投放成为企业财务管理的核心环节，必须谨慎选择投资方向和形式，合理规划资产结构，尽量降低经营消耗和投资风险，以期提升整体效率。

3. 股利分配

尽管企业投资的具体动因各异，但归根结底都是为了追求盈利。利润分配，即决定企业盈利中有多少以股利形式回馈给股东，又有多少保留在企业内部用于再投资。如何制定出一个适当的股利分配策略，合理设定利润留存与分配的比例，这对企业股价的市场表现以及在社会公众中的信誉度有着重大影响。因此，每个企业都需要根据自身实际情况，制定出最适合自己的股利分配政策，这也是财务决策中的一项主要任务。

四、财务管理的职能

财务管理的职能是指其在管理中采用的各种手段和方法，这些方法紧密相连，共同构成了一个完整的财务管理体系。

（一）财务预测

对企业经济活动状况进行预估和判断的过程，我们称之为财务预测。财务预测涵盖的内容广泛，且其目的多样。要确保财务预测的高精度，首先必须在我们开始这项任务前，收集并梳理与之相关的数据信息，以便对各种状况有更深刻、全方位的了解。然后，我们要运用适当且合理的策略，以决定财务参数的预期数值，这将为我们接下来的决策过程提供有力的支持。

（二）财务决策

企业在处理各类财经难题的时候，必须作出决断以明确操作策略，这一步骤被称为财务决策。财务决策是企业经营管理中的关键环节，它对于公司经营的成功与否具有重大影响。为确保做出的财务决策准确无误，首先需综合考虑内部及外部的运营状况，制定多套备选方案。其次，利用数理方法深度评估每个选项的预估经济效果。最后，从中筛选出最佳解决方案或放弃全部备选方案。

（三）财务计划

财务计划是对企业财务管理目标的具体化和系统化展现，它为企业内部经济责任制的实施提供了坚实基础，也是开展财务监督和检查的重要依据。为了制定出既具有前瞻性又贴近实际的财务计划，企业在正式着手编制之前，需要先采取一系列技术经济措施，并对这些措施可能带来的经济效果进行预测。同时，还需要广泛收集和整理相关资料，对计划指标的水平进行合理预测。在此基础上，计算出各项计划指标的具体数值，并最终编制成正式的财务计划表格。

（四）财务控制

作为公司财务管理的核心环节之一，财务控制对削减支出、节约资源以及提高盈利能力有着至关重要的影响。要实现有效的财务管控，首先就是制定各种预算规定限制财务支出，以此来构建财务规划，为其提供明确且具体的准则和指导。此外，公司还需要完善其财务体系，使财务管控的目标能被细化到各个部门、组织和个人，明确他们的权限、职责和收益，从而保证财务管控规范的正确实行。当实际情况与预设目标出现差距时，公司应立即对其规模做出评价，深究问题成因，确定问题的类型及其责任方，然后根据发现的问题采用相应的解决方案予以纠正。

（五）财务分析

财务分析涵盖事前、事中及事后三个阶段的分析。事前分析是在财务预测、决策和计划制订阶段进行的，它旨在科学设定各项财务活动的具体目标，并对财务活动方案进行优选；事中分析则是在财务计划执行过程中展开的，它的目的是了解计划的执行情况，揭示实际执行与计划之间的偏差及其原因，从而采取措施确保计划的顺利实施；而事后分析则是在计划周期结束后进行的，它着重于评估实际执行结果与计划之间的偏离程度及原因，以便总结经验教训，提升企业的计划管理水平。

（六）财务检查

财务检查可以在计划执行期间或计划结束后进行。这项工作的目的是了解企业在遵守财经纪律、执行财务计划和进行经济核算等方面的表现，找出财务活动中存在的问题，查明问题原因并明确责任归属，从而推动企业更好地遵守财经法规和加强经济核算。为了有效地进行财务检查，检查人员需要仔细审阅财务会计凭证、账目和报表，并根据审查结果提出相应的处理措施和改进建议。

第二节　财务管理的价值观念

财务管理的价值观念是财务决策者在做决策时应持有的价值理念，主要包括资金时间价值观念和风险价值观念。

一、资金时间价值观念

（一）资金时间价值的概念

货币的时间价值，或称为资金的时间价值，是指资金在不同时间点上的价值差异。这种价值差异源于资金在社会再生产过程中能够产生增值。资金使用的周期越长，所赚取的利润就越多，增值额也就越大。资金时间价值的本质，是资金在使用过程中的增值部分。值得注意的是，并非所有货币都具有时间价值，只有处于循环和周转中的资金，其总量才会随时间推移而增长，从而体现出时间价值。通常，资金的时间价值可以看作在无风险和零通货膨胀的理想条件下，社会的平均利润率，这是利润平均化规律作用的结果。

资金时间价值在企业的财务管理中占据着举足轻重的地位，其重要性体现在两个方面。

首先，它为企业提供了比较不同时间点货币价值量的有效方法。由于货币在不同时间点上的价值存在差异，直接对比不同时间的货币收入并不合理。为了确保比较的准确性和公正性，我们需要将这些货币收入换算到同一时间基准上，然后再进行数量对比和比率计算。

其次，资金时间价值是制定正确财务决策的重要前提。在现代财务管理中，资金时间价值被视为重要的价值依据。它强调要合理使用资金，加快资金周转速度，以实现资金的最大化增值。当企业决定投资某个项目时，必须确保该项目的投资回报率至少达到社会平均资金利润率，否则就应该考虑投资其他项目或行业。因此，资金时间价值成为评估投资方案优劣的基本准则，在制定财务决策时，它发挥着至关重要的作用。

（二）资金时间价值的表示

资金时间价值既可以用收益额（绝对数）来表示，也可以用收益率（相对数）来衡量。

1. 以收益额来计量

利息是资金在借出与归还过程中所产生的收益，通常是借款人（债务人）因使用从贷款人（债权人）那里借来的货币或资本而支付的报酬，也是资金出借人因提供资金而获得的收益。这部分收益源自生产者利用该资金进行运营活动所产生的利润中的一部分。

从本质上剖析，利息实则是贷款所带来利润的一种重新分配方式。在经济学的研究视野中，利息常常被视作资金的一种机会成本，这是因为一旦我们放弃了资金的使用权，就相当于舍弃了可能获得的收益机会，这等同于付出了一定的成本。举例来说，如果资金被投入某个项目中，那么它就无法用于当前的消费。而为了能在未来获得更多的消费机会，我们牺牲了当前的消费，这种牺牲对于投资者而言，就需要通过利息来进行必要的补偿。因此，利息在投资分析中扮演着平衡当下与未来收益的杠杆角色。投资这一概念本身，就蕴含着当下与未来两个维度的考量。事实上，投资就是对当前资金的一种安排，旨在未来获取更大的回报。显然，未来的预期回报应当超过当前的投资成本，正是这种预期的价值增长，才成为驱动人们进行投资的动力。所以，利息可以被理解为占用资金所需付出的成本，或者是为了放弃当前消费而获得的补偿。

2. 以收益率来计量

资金时间价值收益率的衡量有两个角度。理论上，它等同于无风险、无通胀下的社会平均利润率；实际上，由于政府债券风险极低，在通胀率较低时，其利率可代表资金时间价值。诸如贷款利率、债券收益率及股利率等各类收益率，不仅体现了资金的时间价值，还涵盖了风险价值和通货膨胀的影响。也正因如此，这些收益率作为资金时间价值的一种表现形式，通常会低于社会的平均资金利润率。

利率，作为各国调控国民经济的重要工具之一，其水平的高低受多种因素的综合影响，这些因素共同构成了利率的决定框架。第一，利率的根本性决定因素在于社会的平均利润率，两者之间存在紧密的联动关系。通常，平均利润率构成了利率的上限，因为如果利率超过了利润率，借款人将无利可图，进而选择不借款。第二，在平均利润率保持稳定的前提下，利率的高低还受到金融市场上借贷资本供求关系的影响。当借贷资本供过于求时，市场竞争激烈，利率便会相应下降；反之，如果借贷资本供不应求，市场将呈现卖方市场特征，利率便会随之上升。第三，出借资本所需承担的风险也是影响利率波动的重要因素。风险越大，出借人为补偿潜在损失而要求的回报率就越高，从而导致利率上升。第四，通货膨胀对利息收入的实际购买力有着直接影响。资金贬值可能使得名义上的利息收入在实际上变为负值，这也是利率设定不可忽视的影响因素。第五，借款期限的长短也会对利率产生影响。贷款期限越长，面临的不确定性和风险就越大，因此，为了补偿这些额外风险，借款人通常需要支付更高的利率。相反，贷款期限较短时，由于不确定性减少，风险降低，利率也会相应降低。

（三）资金时间价值的计算

资金因为具有时间价值，所以在不同的时间点，同一笔资金的价值会有所不同。计算资金的时间价值，实际上就是将不同时间点的资金价值进行换算。这主要包括两个方面：一是计算终值，也就是确定现在的一笔资金在未来某个时间点会增值到多少；二是计算现值，即评估未来某个时间点的一笔资金，在现在相当于多少价值。

资金时间价值的计算存在两种主要方法：单利法和复利法。单利法仅针对本金计算利息，而复利法则允许本金和利息共同产生利息。在探讨资金时间价值时，我们需着重理解"现值"与"终值"这两个核心概念，它们分别代表了资金在不同时间点的价值。"现值"，也被称为本金，它反映了资金当前或现在的价值。而"终值"，又称"本利和"，则代表了资金在经历一段时间后，包含本金及其时间价值在内的未来总价值。进一步细分，资金时间价值的计算还涵盖了单利终值与单利现值、复利终值与复利现值，以及年金终值与年金现值等多种情形。

二、风险价值观念

风险价值是财务管理中的核心概念，企业在做财务决策时需考虑此因素。因此，财务管理人员必须精通风险价值的计量与应用。

（一）风险的概念及分类

1. 风险的概念

风险通常指的是在一定条件和时间内，各种可能结果的不确定性和变动幅度。面对风险，人们只能预先评估采取某项行动可能带来的不同结果及其发生的概率，但无法确切预知行动的最终结果。例如，在预测一个投资项目的回报时，很难做到绝对准确，也无法保证万无一失。有些事情的未来发展，如价格、销量、成本等，都可能发生意料之外且难以掌控的变化。

风险，本质上源于事件本身的不确定性，这一特性是客观存在的。投资者在面对不同的投资项目时，会遭遇到不同程度的风险。举例来说，购买国库券因其收益稳定且到期本息有保障，被视为风险较低的选择；而相比之下，投资股票则伴随着更高的收益不确定性，一旦投入，风险水平便相对固定，具有风险的客观性。这意味着，虽然特定投资项目的风险大小是客观的，但投资者是否愿意承担风险以及承担多大的风险，则是主观的选择。在实际操作中，风险和不确定性往往被视作同一概念，统称为风险。当某一行动的结果存在多种可能性而不确定时，我们称之为存在风险；反之，若某一行动的结果完全确定无疑，则被视为无风险。

风险是可以得到有效管理的。在采取任何行动之前，我们可以通过评估该行动可能蕴含的风险水平，并结合自身的抗风险能力和心理承受范围，来选择一个风险适度的行动方案。而在行动实施的过程中，我们还可以不断地调整方案，并通过严格的制度来确保风险保持在可控范围内。以负债所带来的财务风险为例，企业可以根据自身的经营状况，选择一个合适的负债水平来控制风险。一旦负债规模确定下来，企业还可以通过优化现金流管理，提升自身的偿债能力，从而进一步降低债务风险。

2. 风险的分类

（1）从投资主体的视角出发，风险可以划分为两大类

首先是市场风险，这是一类对所有企业都可能产生影响的由外部风险因素所带来的风险，涵盖了战争、自然灾害、经济衰退、通货膨胀等广泛范围。由于这类风险波及面广，无法通过多元化投资策略来

分散，因此也被称为不可分散风险或系统风险。面对此类风险，投资者只能依据所承担的风险程度来要求相应的投资回报。另一类则是公司特有风险，这类风险源自个别企业内部发生的特定事件，如罢工、诉讼失败、市场丢失、新产品研发受挫等。从投资者的角度看，这些事件具有随机性和独特性，但幸运的是，它们可以通过构建多元化的投资组合来有效分散。也就是说，一家公司的负面事件可以通过其他公司的正面事件来抵消，从而降低整体风险。这类风险因此也被称为可分散风险或非系统风险。例如，在证券投资领域，同时持有多种股票相较于单一持股，能够显著降低风险。同样，在企业的经营活动中，如果条件允许，同时开展多个投资项目相较于仅专注于一个项目，也能有效分散风险。因此，分散化投资策略被视为一种更为稳健和安全的选择。

（2）从企业的角度出发，风险可以划分为两大类

一是经营方面的风险，这种风险指的是由于企业的生产经营活动所导致的盈利不确定性。它是经营活动中普遍存在的一种现象，因此也常被称作企业风险。企业在从事生产经营的多个环节中，都会受到来自外部环境和内部因素的诸多影响，这些影响带有很大的未知性。经营风险的几个主要来源包括：首先是市场销售环节带来的风险，市场需求的大小、市场价格的高低以及企业能生产的产品数量均存在不确定性，特别是市场竞争的激烈使得供应、生产和销售难以保持稳定，从而加剧了风险；其次，生产成本方面也存在诸多不确定因素，包括原材料的供应稳定性及其价格变动、工人与机器的生产效率，以及工人的薪资与奖金等，这些都可能引发风险；再者，生产技术领域同样隐藏着风险，如设备故障、产品质量不达标、新技术的突然出现等，这些因素难以预测，容易带来风险；最后，还有一些其他外部因素，如自然灾害、经济下滑、通货膨胀及合作企业违约等，这些事件企业无法掌控，因此也会带来相应的风险。

二是财务风险。财务风险，亦被称为筹资风险，主要源于企业通

过举债方式融资所带来的财务成果的不确定性。在进行举债经营时，企业的资本构成中，除了自有的资金外，还会包含一部分从外部借入的资金。这种资金结构会对企业自有资金的盈利能力产生直接的影响。一方面，借入的资金需要企业在未来按期还本付息，如果企业无法按时偿还到期债务，将会面临财务困境，极端情况下甚至可能导致破产。另一方面，借入资金的使用效果也直接关系到企业的盈利能力。若公司的未计利息、税收及折旧摊销前的盈利（EBIT）超过借款成本，则利用贷款所得的收入可满足或超出所有应付利息，并能额外产生盈余，进一步提高自身的资本回报率。相反，假如公司 EBIT 未能超过借款利率，那么用于偿还利息的部分就必须由自身资产产生的利润承担，这样会导致自身资产回报率降低。更糟糕的情况是，倘若 EBIT 不能负担任何利息开支，公司需调用自己的资金去支付这些费用，结果就是造成损失。如若此情况持续下去，财务状态会急剧恶化，最终可能会失去还款的能力，可能陷入债务违约或是破产的境地。总之，多种因素的影响使得 EBIT 和借款利率之间存在着不可预测的关系，这也造成了自身资产回报率的起伏变化，我们把这个风险定义为筹资风险。而筹资风险大小与其借款比例成正比例关系：借款越多，风险也随之增高；反过来，借款量减少，风险也会相应降低。所以，控制金融风险的关键就在于维持合适的资金结构，合理安排负债水平。这就要求我们一方面充分发挥债务经营的优势，利用财政杠杆效应来增强自有资金的盈余；另一方面，也需警惕过度借款可能引起的财务风险上升，避免公司因负债过多而陷入财务困境。

（二）风险的衡量

鉴于风险在企业经营中无处不在且影响深远，因此，正确认识和量化风险成为企业财务管理不可或缺的一环。为了评估风险的程度，我们需要借助概率论和统计学的方法。有些事件在相同条件下既有可能发生也有可能不发生，我们把这类事件称为随机事件。概率，则是一个介于 0 到 1 之间的数值，可以用百分数或小数来表示，它衡量的

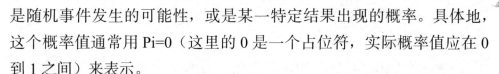

是随机事件发生的可能性，或是某一特定结果出现的概率。具体地，这个概率值通常用 Pi=0（这里的 0 是一个占位符，实际概率值应在 0 到 1 之间）来表示。

在通常情况下，我们会用 X 来代表一个随机事件，而 Xi 则用来表示该随机事件可能出现的第 i 种具体结果，Pi 则是与这种结果相对应的出现概率。具体来说，如果 Pi 的值为 0，那就意味着相应的随机事件绝不可能发生；而如果 Pi 的值为 1，则表明该随机事件是必然会发生的。普遍来说，随机变量的概率 Pi 总是在 0 到 1 的区间内变动，也就是说 $0 \leqslant Pi \leqslant 1$。Pi 的数值越大，就意味着对应的事件发生的可能性越高，反之则越低。当我们把某一随机事件所有可能的结果都一一列举出来，并为每一个结果都赋予一个相应的概率值时，就得到了一个概率分布。

概率分布可归纳为两种：其一是离散型的概率分布，这类分布的主要特征在于它们的概率数值聚焦于少数特定随机变量的位置，这从概率分布图像中可见，即呈现出一系列分散的线条；而另一种类型则属于连续型的概率分布，该种分布的显著特点是在某一连续范围内的所有点都有可能出现概率值，此现象可在概率分布图像中得到体现，表现为一条不间断的曲线。

（三）风险报酬的计算

收益与风险之间存在着一种相互对应的关系。高风险往往预示着可能获得高收益，而低风险则通常意味着相对较低的收益。企业的财务管理活动大多是在充满风险和不确定性的环境中展开的。如果忽略了风险因素，我们就无法准确衡量企业所获得的报酬水平。

1.投资报酬率的构成

投资报酬率主要包含三部分：无风险投资报酬率、风险投资报酬率和通货膨胀补偿。

（1）无风险投资报酬率。这一部分是固定的，与投资期限有关，即资金随时间增长的价值，常用短期国债利率来衡量。

（2）风险投资报酬率。这是为补偿投资风险而给的额外回报，风险越大，回报越高。

（3）通货膨胀补偿。为避免通胀导致的货币贬值，投资者获得的一部分额外收益。

2. 资本资产定价模型

（1）马科维茨资产组合理论。在资产组合投资领域，资产组合被划分为有效和无效两类。有效资产组合是指在风险水平相同的情况下预期收益率最高，或者在预期收益率相同的情况下风险最小的投资组合。这符合马科维茨提出的均值—方差分析理论，它建议理性投资者应选择有效资产组合进行投资，而非其他类型。

（2）资本资产定价模型的前提假设。资本资产定价模型是资本市场理论的一个重要组成部分，它根植于马科维茨的资产组合理论并在此基础上得以发展。马科维茨的资产组合理论，运用数学规划的原则，全面而系统地探讨了如何通过有效的分散投资策略来选取最优的投资组合。然而，该理论也存在一定的局限性，主要体现在它更侧重于规范性分析，而在实证性分析方面则显得不足。举例来说，在构建资产投资组合的过程中，投资者往往难以确定证券需要分散到何种程度，才能达到既高收益又低风险的最佳状态。为了填补这一理论空白，威廉·夏普、约翰·林特纳和简·莫森共同提出了一种新的模型，即资本资产定价模型，该模型专注于研究证券价格的决定机制。

我们采用"如果怎么，那么就会怎么"的逻辑推理方式来构建资本资产定价模型。其中，"怎么"的部分代表了我们对世界的简单描述，它是通过一连串的设想构筑而成的一个虚幻场景，这种设置有利于得出"就会"部分的结果。首先，我们基于简化的情境得出初步结论，随后逐步增加复杂性条件，对环境因素进行必要的调整。通过这种方式，我们可以一步步地观察结论是如何从简单到复杂逐渐演变的，最终构建出一个既符合现实又易于理解，同时逻辑上合理的模型。

资本资产定价模型简化版的基本假设，主要是为了让不同初始财富和风险偏好的个人投资者在模型中趋于一致。这样做可以大大简化我们的分析，使其更加直观易懂。

①尽管投资者众多，但每个投资者的财富与全体投资者财富总额相比，只是沧海一粟。在这样的市场中，所有投资者都只能被动接受价格，单个投资者的买卖行为并不会对证券价格造成任何波动。这一观点与微观经济学中关于完全竞争市场的假设不谋而合。

②在制定投资策略的过程中，所有的投资者都会关注同样的证券持有期限。但是，这种做法显然是短视的，因为它并未将可能出现的任何情况纳入考虑范围。通常来说，这种短视的投资方式并不是多么可靠。

③投资者的投资活动被限定在公开金融市场交易的资产范围内，比如股份与债务等等。这表示，诸如教育（也就是人力资源）、私人公司及由政府持有的不可买卖财产（譬如城市建设、国际机场等）并不属于投资人的关注点。再者，我们假设他们可以毫无限制地用固定的低风险利率来借款或者放款任何数量的资产。

④在理想化的市场条件下，我们假设不存在任何证券交易费用，包括佣金、服务费用等，也不考虑税收的影响。然而，在真实世界中，投资者所处的税收等级各不相同，这对他们选择投资资产产生了直接影响。举例来说，利息收入、股息收入及资本利得所承担的税负是有所区别的。此外，实际交易过程中也会产生一定的费用，这些费用会根据交易额的大小以及投资者的信誉度而有所差异。

⑤我们可以假设所有投资者都具备理性，他们的目标是尽量减小投资组合的方差，因此，他们会使用马科维茨的资本资产定价模型来指导自己的投资决策。

⑥假设所有的投资者都对股票价值及经济环境持有同样的观点，这就导致了他们对预期收益率的概率分布有着统一的态度。简而言之，

不论股市波动情况怎样，他们的购买决策始终如一，这也正符合马科维茨提出的资本市场理论。依据该理论，一旦给出某组股票价格及其对应的风险—回报比值，那么所有投资者的预期收益率就等于其协方差矩阵的结果，由此构建了一个有效的边界，并且推导出了唯一最理想的风险资产配置方案。这个设想被称作同质期望。

（3）资本资产定价模型的结论。资本资产定价模型的一系列假设，就像是"如果……那么……"逻辑结构中的前提条件。不可否认，这些前提条件在一定程度上简化了现实世界的复杂性。基于这些假设，我们能够构建出一个由特定的有价证券和投资者构成的均衡状态。接下来，我们将深入解析这一均衡状态所蕴含的意义，也就是资本资产定价模型所得出的一些重要结论。

①当个人构筑他们的投资策略的时候，他们会遵守一条基本准则，根据市场的整体证券组成（M）去分配资金的比例，这包含所有的可以买卖的有价证券。如果我们把有价值的市场看作具体的金融产品，比如股市上的每一支股份的话，那么它们的权重大小就正好和它们各自的价格总额相等，并且与其所代表的所有其他公司的股价之合计成正相关关系。

②市场资产组合不仅位于有效益边界之上，更是与最优资本配置线完美相切。正因如此，资本市场线，即从无风险利率点出发，经过市场资产组合 M 并继续延伸的直线，便成为可能实现的最优资本配置路径。所有投资者在选择最优风险资产组合时，都会不约而同地选择市场资产组合，他们之间的唯一差异，仅在于投资于最优风险资产组合（即市场资产组合）与无风险资产的比例有所不同。

③市场资产组合的风险溢价与其风险水平和投资者的风险厌恶程度成比例增加。

④个人资产的风险溢价与市场资产组合 M 的风险溢价，以及该资产的贝塔系数（β），呈正比例关系。

第三节 财务管理基本分类

财务管理涵盖了基本理论以及多个关键领域，如筹资、投资、运营、成本控制、收入与利润分配等，这些领域又涉及预算规划、决策制定、过程控制及财务分析等多个环节。在本节中，我们将财务管理的核心内容划分为三个主要方面来深入探讨：一是筹资管理，二是流动资产投资管理，三是销售收入与利润管理。

一、筹资管理

（一）筹资管理概述

1. 企业筹资的意义和原则

资金是企业能够持续开展日常经营活动不可或缺的基础。企业理财的首要步骤便是筹集资金。在企业的初创阶段，为了完成设立、登记等手续，进而顺利开展经营活动，筹集资本金是不可或缺的；同样，当企业步入发展期，无论是为了扩大生产规模、研发新产品，还是进行技术改造，都需要筹集更多的资金来追加投资。因此，资金融通，也就是资金的筹集，成为决定企业资金规模及生产经营发展速度的关键一环。资金的筹集不仅直接影响着后续的资金投入与使用，而且资金的使用又进一步关联到资金的分配策略；而资金的分配策略，反过来又会制约企业未来的资金再筹集与投入计划。

筹资，是指企业根据自身当前的生产经营状况与资金运用情况，结合未来的经营策略和发展需要，经过准确的预测和审慎的决策后，通过多种渠道和方式，向其投资者和债权人筹集所需资金，以确保企业生产经营活动能够得到充足的资金支持的一项财务管理活动。

随着市场经济体制的确立，企业必须成为独立的经济实体，承担起自主经营、自负盈亏的社会主义商品生产和经营责任。资金筹集是企业资金流转的起始点，唯有自主筹集资金，企业才能获得资金运用的主导权，从而在真正意义上实现自主经营、自我发展和自负盈亏，成为充满活力和竞争力的市场主体。

在筹资过程中，企业需要解决一系列问题，包括筹资的时机选择、筹资的渠道和方式、筹资的数量确定、成本控制以及资金的使用条件等。为了做出正确的筹资决策，企业应遵循以下原则。

（1）合理性原则。企业之所以筹资，是为了确保生产经营拥有充足的资金支持。如果资金匮乏，企业的生产经营活动便会受阻；而资金若过于充裕，又可能导致资金利用效率下滑。因此，企业在筹资时应当把握一个适当的度，这个度就是能够满足企业生产经营正常且高效运转所需资金的最低限额。

（2）效益性原则。这意味着企业需要对资金成本、筹资风险及投资回报等多个维度进行全面考量，力求在诸多因素之间找到最佳的平衡点。

资金成本是指企业为了获得某种资金的使用权限所需要支付的费用。这包括了资金使用者向资金所有者支付的报酬，比如借款利息、债券利息及股东的股利，同时还涉及一些筹措资金时产生的费用，例如股票发行费和债券注册费等。资金成本实际上是对筹资效益的一种扣减。

总而言之，不同的筹资途径和方法会带来不同的资金成本，获取资金的难易程度也有所区别，同时企业所需承担的风险也各不相同。因此，筹资方应当基于自身的资金需求及筹资策略，全面考虑各种筹资途径的潜力、限制条件及风险水平，将资金来源与投资方向紧密结合，综合评估资金成本率和投资回报率，力求在资金成本最小化的同时，实现投资收益的最大化。

（3）科学性原则。企业应合理确定资金来源结构，并寻求最佳的筹资方式组合，这是筹资工作中应遵循的另一重要原则。

企业的资金构成主要分为自有资金和借入资金两大板块。自有资金涵盖了企业资本金、资本公积、盈余公积及留存收益；而借入资金则主要包括短期负债和长期负债。在实际运营中，企业往往不会仅依赖自有资金来满足其资金需求，通过借款来筹集部分资金是经济活动中常见的做法，这被称为举债经营。在风险水平既定且其他条件不变的情况下，负债比例的提升虽然可能带来更大的收益，但也意味着财务风险的增加。因此，在筹资过程中，企业需要深入分析筹资的具体用途，并据此确定筹资的类型。若企业需要增加恒久性流动资产或购置固定资产，则应筹措长期资金。长期资金是指那些供企业长期使用，主要用于新产品研发与推广、生产规模扩张、厂房设备更新等方面的资金，其回收周期通常较长，可能需要几年甚至几十年。这类资金旨在支持企业未来的长期经营并持续获得收益，被称为资本性支出，对企业的长远发展至关重要。相比之下，短期资金则是指供企业在短期内（通常是一年以内）使用的资金，主要用于现金管理、应收账款回收、材料采购以及工资发放等，一般在短期内即可收回。

2. 企业筹资的渠道和方式

企业筹集资金的来源，我们称之为筹资渠道。而企业获取资金的具体手段或形式，则被称为筹资方式。企业有多种途径可以筹集资金，这些途径包括来自财政的拨款、银行的贷款、非银行金融机构的融资、其他企业的投资、居民个人的储蓄、企业内部的积累以及国外的资本等。

3. 企业筹资的动机与要求

（1）企业筹资的动机。企业筹资是为了生存和发展，通常受到特定动机的驱动，主要包括扩张、偿债和混合动机。企业财务人员需客观评估这些动机，并预测其可能带来的结果。

①扩张性动机。企业为了增强生产能力，需要提升资本规模，这就催生出了扩张性的驱动力。例如，在产品生命周期的开发和拓展阶段，公司通常需要筹措大量的财政资金，尤其是长期的投入。

②偿债性动机。企业为解决部分负债所采取的行为可以称为偿债性动机，简言之即通过借款以缓解已有的债务负担。偿债性动机主要分为两类：一是调整型的偿债型融资，尽管公司具有还款的能力，但是为了改善其资产配置结构，他们仍然决定贷款并使其资产配置更加科学，这是积极的融资手段之一；二是恶化的偿债型融资，当公司无法满足现有债务的还款要求时，他们只得寻求新的资金来源来应对，这也表明他们的财务状况存在着问题。

③混合性动机。企业因为既需要持久的资金，也需要现金来满足筹款需求，这种行为被称作混合性动机。通过这样的方式进行融资，企业不仅能够扩大其资产规模，还能偿还一部分旧债务，这是一个将扩张性筹资和偿债性筹资动机相结合的策略。

（2）企业筹资的要求。企业筹资的总体要求在于全面分析并评估影响筹资的各种因素，确保筹资的综合效益最大化。

①企业在筹资之前，应准确预估所需的资金量，并尽量使筹资的数量与需求相匹配。这样做是为了避免资金短缺影响生产运营，或是资金过剩而降低筹资效果，从而力求筹资活动能够取得最佳成效。

②企业在筹资时，应审慎选择筹资的渠道和方式，以尽可能地减少资金成本。因为不同的筹资途径和方式，其难易程度、资金成本以及可能带来的财务风险都是各不相同的。

③企业应确保筹措到的资金能够按照预定的投放时间及时到位，以满足资金使用的需求。这就要求企业在安排筹资活动时，要充分考虑资金投放的时间节点，使筹资与用资在时间上保持协调一致，从而避免资金过早筹集导致闲置，或是筹集滞后而错过投放的最佳时机。

4. 资金需要量预测

企业在筹集资金之前，首先要做的是预测所需的资金量，这包括对企业未来生产经营活动中所需资金的预估、分析、评估和判断。由于企业的资金主要被固定资产和流动资产所占用，且这两类资产的性质、用途以及所占用的资金数额都有所不同，因此需要分别进行测算。

在正常经营的情况下，企业更需要关注的是对流动资金需求量的预测。一般来说，预测的方法主要可以分为以下两类。

（1）定性预测法。定性预测法，主要是基于调研所获得的信息与数据，并结合预测者的专业知识和实践经验，来对资金需求进行主观判断。这种方法通常在历史资料不够完整或准确时使用。它的实施步骤大致如下：首先，让那些熟悉企业经营状况和财务状况的专家，根据自己的经验，对未来的资金需求进行初步分析和预估；其次，通过信函调查、座谈会等多种形式，广泛收集并讨论各方的意见；最后，结合本地区类似企业的实际情况，进行综合分析和判断，从而得出最终的预测结果。

（2）定量预测法。定量预测法是一种基于资金需求量与相关因素之间关系的方法。它依赖于大量的历史数据，通过运用特定的数学手段进行计算，从而得出预测数值。这种方法有很多种，比如趋势分析法、相关分析法及线性规划法等，它们都是通过对历史数据的分析来预测未来的资金需求。

（二）普通股筹资

普通股是股份公司最重要的资金来源。在财务报表的负债和所有者权益部分，可能没有长期债务或优先股，但股本金是一定会有的。

1.普通股的概念和种类

（1）普通股及其股东权利。普通股是股份公司发行的基本股份，没有特殊权利。大多数股份公司只发行普通股，通过发行普通股筹集的资金叫"股本"，是公司资本的主要部分。

普通股股东是公司的核心投资者，他们通常享有以下四种权利。

①对公司的管理权。普通股股东作为公司的基本所有者，享有对公司进行管理和监督的重要权利。对于规模较大的公司而言，由于股东人数众多，不可能每位股东都直接参与公司管理。因此，普通股股东的管理权主要通过董事会选举来实现，他们有权选举和被选举为董事会成员，由董事会代表全体股东对公司进行控制和管理。概括而言，

普通股权持有者的管理权主要集中于以下几项：第一，他们具有投票权，能够参与决定公司董事会的组成人员，同时对于重要事件如修订公司章程、调整资金结构、同意财产销售、合并或者收购其他企业等事宜有投票权利；第二，他们享有一定的审计权限，能查看公司的财政情况及决策流程；第三，他们也具备向公司提问的权利，可就其运营与管理问题提出质疑并在必要时寻求解释。

②分享盈余的权利。普通股股东有权分享公司盈余。董事会负责制定盈余分配方案，该方案需经股东大会审议批准。

③出售或转让股份的权利。普通股股东可以选择出售或转让其所持有的股份，但必须依据公司法、公司章程以及相关法规来行使这一权利。

④优先认股权。公司增发普通股时，现有股东可以按其持股比例优先购买新发行的股票，这样做是为了确保他们在公司股份中的原有比例不变，从而保持对公司的管理权。此外，作为普通股股东，他们除了享有权益外，还需承担一定的责任。根据我国公司法的规定，股东需履行遵守公司章程、按时缴纳股款以及对公司承担有限责任等义务。

（2）普通股的种类。根据相关法律法规及筹资、投资者需求，股份公司可以发行不同种类的普通股。

①根据投资主体的差异，股份可以分为国家股、法人股、个人股和外资股。国家股指的是代表国家进行投资的部门或机构，将国有资产投入公司后所形成的股份。而法人股，则是企业法人按照法律规定，将其可支配的财产投入公司后所形成的股份，或者是由具备法人资格的事业单位、社会团体，将国家允许用于经营的资产投入公司后所形成的股份。

②根据股票发行时的特别规定，按是否记录股东姓名，股票可分为记名股票和不记名股票；按是否标明票面金额，则可分为有面值股票和无面值股票。

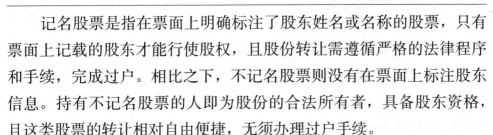

记名股票是指在票面上明确标注了股东姓名或名称的股票，只有票面上记载的股东才能行使股权，且股份转让需遵循严格的法律程序和手续，完成过户。相比之下，不记名股票则没有在票面上标注股东信息。持有不记名股票的人即为股份的合法所有者，具备股东资格，且这类股票的转让相对自由便捷，无须办理过户手续。

有面值股票，就是在票面上明确标注了金额的股票。股东对公司享有的权利和应承担的义务，是根据他们持有的股票票面金额占公司总发行面值的比例来确定的。而无面值股票，则不会在票面上标注具体金额，只会注明占公司股本总额的比例或股份数量。这种股票的价值会随着公司财产的增减而波动，而股东的权利和义务，则直接依据股票上标明的比例来确定。

③按照发行对象和上市地点的不同，股票可以分为 A 股、B 股、H 股和 N 股。

（3）普通股筹资的优缺点。相比其他筹资方式，普通股筹资的优缺点更为显著。

①利用普通股筹资的主要优点。第一，发行普通股筹集的资金是永久性的，无须归还，有助于公司维持长期稳定发展。第二，公司没有支付普通股股利的法律义务，可以根据盈利和经营需要灵活决定支付与否及支付多少，减轻了经营波动带来的债务压力。第三，普通股资金是公司最重要的资金来源，反映了公司实力，能增强举债能力，并为债权人提供保障。第四，普通股收益较高，能在一定程度上抵御通货膨胀，不动产升值时股票往往也随之升值。

②利用普通股筹资的主要缺点。第一，普通股筹资的成本相对较高，原因有两个：一是筹措过程中产生的费用比较高，如包销费等；二是由于普通股投资风险较高，投资者自然会期望获得更高的投资报酬率。第二，普通股筹资会带来新股东，这可能会导致公司的控制权被分散。

2. 普通股股票及其发行上市

（1）股份有限公司的两种途径。一种是发起式，此时公司股份全由发起人认购，无须向外界募集，且只能发放股权证，不能发行股票；另一种是募集式，在这种方式下，除了发起人认购部分股份外，其余股份需向公众公开发行，且此类公司只能发行股票，不能发放股权证。

①普通股股票的票面要素。普通股股票作为可长期转让和交易的有价证券，对其印制质量有着严格标准，需先经过人民银行的审核，再在指定的印刷厂进行印制。但近年来，这种股票逐渐朝着"无纸化"的方向发展。

股票票面信息必须全面反映股份公司和股票发行的基本情况，具体包括：

A. 必须显示发行股票的公司全称、注册地址，并且有董事长亲笔签名和公司官方盖章；

B. 票面上应明确标注"股票"以及具体为"普通股"字样；

C. 要注明公司设立登记或新股发行变更登记的文号及登记日期；

D. 股票的面值及发行的总数量需在票面上显示；

E. 股东的姓名或名称也是票面信息的一部分；

F. 每一张股票都有唯一的号码，需在票面上标注；

G. 发行日期也是票面必须包含的信息；

H. 股票背面应附有简要说明，包括股息红利分配原则、股东权益与义务，以及股票转让、挂失、过户等规定。

②普通股股票的发行。在中国，发行股票需接受国务院证券委员会及中国证监会的监管。管理规定涵盖了发行条件、流程及销售方式等主要内容。

A. 股票发行的条件必须遵守我国公司法的相关规定，详细要求如下：

a. 发行的股票，每一份的价值都是相同的，而且发行的条件和价格也是一样的；

b. 股票发行价格不得低于票面金额，可以等于或高于票面金额；

c. 股票上应明确标注公司名称、登记日期、种类、票面金额、股份数、编号等关键信息；

d. 发行记名股票时，公司需建立股东名册，记录股东姓名、住所、持股数、股票编号及持股日期；

e. 企业需要在新股票的发售中遵循以下条件：首先是上一次股票已经完全筹集并等待超过一年的时间；其次是在过去的三年里持续实现盈利并且有能力分配红利；再次是过去三年的财务报告没有虚假或欺骗行为；最后是对未来预期的收益率必须高于同期的银行利率水平；此外，当决定发行新的股票时，公司的董事会也应就其类型、数量、售价、开始与结束时间以及对原始股东发放的新股票类别和数量做出决策；

f. 发行新股时，股东大会需决议新股种类、数额、发行价格、起止日期及向原股东发行的新股种类和数额。

B. 股票发行的程序。如前所述，股份有限公司既可以在成立之初发行股票，也可以在增资时发行新股，但两者的程序有所区别。

a. 公司成立时发行股票的程序。这种股票发行程序包含以下五个步骤。

第一，提出募集股份申请。股份有限公司的成立，必须经过国务院指定部门或省级政府的审核批准。当向证券交易所递交新股上市申请时，创始者必须提供一连串的关键文档以便审查，这些包含但不限于以下内容：公司的正式成立许可、组织结构图、运营经济报告、创始人数据（如名字或者企业名、持有的股权数额、投资方式与凭证等）、募集资金公告材料、收取股金的金融机构的具体情况以及代理销售商的品牌及其相关的合约条款。

第二，公告招股说明书，制作认股书，签订承销协议和代收股款协议。一旦募股申请得到批准，发起人需在法定时间内向公众发布招股说明书。该说明书应附带发起人所拟定的公司章程，并详细列出发起人认购的股份数量、每股的面值和发行价、无记名股票的总发行量、认股人的权益与责任、募股的起始与截止日期，以及若在规定期限内未能足额募资，认股人有权撤回认购的条款等内容。在我国，股份公司不能直接发行股票。因此，发起人若要公开募集股份，必须与合法的证券经营机构签订承销协议，由该机构负责股票的承销工作。承销协议中需明确双方的名称及法定代表人、承销的具体方式、承销股票的种类、数量、金额及发行价格、承销期限、付款日期及方式、承销费用、违约责任等主要信息。

第三，招认股份，收缴股款。公开认购股份并支付股票款项。创始人或承销商常通过广告或书面方式进行股份的招募，购买者需要提交认购文件以确认购买，也需要按照协议支付股票款项。

第四，召开成立大会，选举董事会、监事会。股款募集完毕后，发起人需在规定时间内召集成立大会，该大会由认股人构成，且须有超过半数股份代表的认股人出席才能召开。

第五，办理成立登记，交割股票。成立大会选出的董事会需在规定时间内完成公司成立登记手续。

b.增资发行新股的程序。增资发行新股的程序包含以下五个步骤：

一是股东大会决定发行新股，包括种类、数量、价格、时间，以及向老股东发行的新股详情；

二是董事会向国务院相关部门或省政府申请批准，公开发行还需国务院证券管理部门批准；

三是公司获准公开发行新股时，需公告招股书、财务报表及明细，并制作认股书；

四是招募股份并收取股款；

五是调整董事会、监事会，办理变更登记并公告。

C.股票的销售方式。股票销售方式是指股份公司公开发行股票的方法，主要包括自销和承销两种。

直接将股票卖给认购者的销售方式称为自销，它允许发行公司全

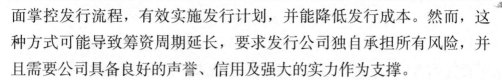

面掌控发行流程，有效实施发行计划，并能降低发行成本。然而，这种方式可能导致筹资周期延长，要求发行公司独自承担所有风险，并且需要公司具备良好的声誉、信用及强大的实力作为支撑。

相比之下，承销方式则是将股票销售事务委托给证券经营机构进行。这是发行股票时更为常见的做法。依据我国公司法规定，股份公司公开发行股票时，必须与合法的证券经营机构签订承销合同，由该机构负责承销工作。

股票承销主要分为包销和代销两种方式。所谓包销是指证券交易商根据合同条款规定的价格，全数收购上市公司的所有发售股权后，接着以更高价位向公众出售。与此相反的是，在代销模式下，证券交易商只是作为上市公司代理来推销其股票，并从其中获得手续费，并不需要面对无法达到预定筹款目标的风险。

（2）股票上市的目的与条件。股票上市，指的是股份有限公司公开发行的股票得到批准后，可以在证券交易所正式挂牌交易，这样的股票就被称为上市股票。根据国际惯例，那些非公开发行或未申请在证券交易所上市的证券，则会在证券交易所之外的场外市场（也就是OTC市场）进行流通和转让。

①股票上市的目的。股份公司通常会出于以下考虑来申请股票上市：

第一，它们希望通过股票上市实现资本的广泛分散，以此来降低风险，一旦股票上市，就能吸引更多投资者购买公司股份，公司则能将部分股份卖给这些投资者，并用所得资金进行其他投资，从而分散经营风险；

第二，股票上市还能显著提升股票的变现能力，上市后，股票变得更容易被投资者购买，股票的流动性和变现能力自然得到增强；

第三，上市也有助于公司更容易地筹集资金，因为股票上市需要经过相关机构的审核批准，并遵循信息披露和上市规定，这大大增强了公众对公司的信任，使得投资者更愿意购买公司的股票；

第四，股票上市能够提升公司的知名度，进而吸引更多顾客，上市使公司得到公众的广泛认知，并且被视为经营稳健，这为公司赢得了良好的声誉，从而能够吸引更多的消费者，推动销售增长；

第五，上市有助于明确公司的价值，一旦股票上市，公司的股价就有了明确的市场参考价，这使公司价值的评估变得更为容易，有助于公司追求财富的最大化。

②股票上市的条件。股票在证券交易所公开交易（即上市）需满足严格条件。按相关规定，股份公司申请上市需符合以下条件：

第一，只有经由国家证券监管机构审批通过的企业才有资格公开发行股票，而不是从一开始就能向公众提出上市请求；

第二，公司的股本总额必须达到至少5000万元人民币；

第三，若一家公司已经运营了三年并持续获利，或是以合法方式转变为股份有限公司（如国企），又或者是自公司法生效以来建立的主要创始团队是国有大型企业的股份有限公司，那么它的盈利记录可连续计算；

第四，持有面值1000元以上股票的股东数量需达到至少1000人，且公开发行的股份需占股份总额的25%以上；

第五，公司在过去三年内不能有重大违法行为，其财务会计报告必须真实无虚假记录。

另外，上市公司必须公布上市报告，并将相关的申请文件保存在指定地点，以便公众随时查阅；同时，上市公司还要按规定定期向公众披露其财务状况和经营情况，具体要求是每个会计年度内至少公布两次财务会计报告，也就是每半年一次。

（3）股票上市的暂停与终止。如果股票上市公司出现以下情况之一，国务院证券管理部门会决定暂停其股票上市：

第一，当一家公司的股份规模或者股东结构发生了重大变动而无法继续符合挂牌要求时，政府监管机构有权选择暂时停止该企业的交易并可能最终取消它的公开募集资格；

第二，如果公司不遵守规定公开财务状况，或财务报告存在虚假记录，且情节严重，国务院证券管理部门将采取暂停或终止其股票上市的措施；

第三，公司若存在重大违法行为，且情节严重，同样会导致国务院证券管理部门暂停或终止其股票上市；

第四，如果公司在过去三年中连续亏损，并且在规定时间内未能将亏损转为赢利，国家证券监管机构也会暂停其股票上市；

第五，如果公司决定解散、被行政主管部门依法责令关闭或宣告破产，国务院证券管理部门将决定终止其股票上市。

（三）资本金制度

1. 建立资本金制度的意义

资本金制度是国家制定的一系列法律规范，旨在规范资本金的筹集、管理以及明确所有者的权利和义务。

商品经济的高度发展催生了资本，它是企业开展生产经营不可或缺的基础，贯穿于社会再生产的各个环节，并不断推动资本价值的增长。随着我国经济体制改革的不断推进，外商投资企业、私营企业以及股份制经济等蓬勃发展，这从客观上强调了明确产权归属、强化资本金管理的重要性。

（1）有利于保障投资者权益

我国当前采用的资金管理制度是参考苏联模式发展起来的，主要针对国有企业。由于企业资金来源较为单一，国家是唯一的所有者，因此制定的财务制度并未涉及资本保全的问题。

（2）有利于企业正确计算盈亏，真实反映企业经营状况

以往，企业固定资产的增加、减少、损坏、报废以及国家统一的价格调整，都会造成库存物资的价值差异，需要相应地调整企业资金。这种做法会导致企业盈利情况不真实：资金增加时，部分盈利被低估；资金减少时，盈利则被高估。这些都不能准确反映企业生产经营的最终成效。

（3）有利于企业实现自负盈亏

企业的创立与发展离不开资金的支持，这些资金可能源自借款或投资者的投入，但无论如何，都需要一定的初始资金，即资本金。在市场经济环境下，企业能否及能借到多少资金，取决于其资本金规模、信用状况以及偿债能力。因此，资本金是企业实现独立经营和承担盈亏责任的基础。构建完善的资本金制度，有助于强化企业自主经营、自担风险、自我成长和自律的经营体系。

2. 资本金制度的内容

（1）资本金及其构成

①资本金的含义。《企业财务通则》规定，资本金是指企业在工商行政管理部门正式登记的注册资金。从本质上来说，资本金是投资者投入的资金，属于企业的主权资本，与债务资金有着本质区别。而从用途角度看，资本金是以盈利为目的投入的，这与非营利性的事业行政单位所使用的资金截然不同。

②资本金的构成。根据《企业财务通则》，资本金可以根据投资方的不同，分为国家、法人、个人和外商四种类型。

国家资本金指的是，那些有资格代表国家进行投资的政府部门或机构，将国有资产投入企业中形成的资金。法人资本金则是其他法人实体，包括企业法人和社团法人，用其合法拥有的资产投入企业所形成的资金。个人资本金是指个人，无论是社会上的还是企业内部员工，用其合法的个人财产投入企业所形成的资金。而外商资本金，则是指来自外国以及我国香港、澳门和台湾地区的投资者，将其资金投入企业所形成的资金。

（2）法定资本金

按照《企业财务通则》的规定，企业在成立时必须拥有法定的最低资本金。这个法定资本金，就是国家要求企业成立时必须筹集到的最低资金数额。关于法定资本金，现行法规主要包括以下几方面的规定。

①《中华人民共和国民法通则》与《中华人民共和国全民所有制工业企业法》等法律法规中，均包含了一些原则性的规定。同样地，《中华人民共和国企业法人登记管理条例》也做出了具体规定。企业法人必须拥有符合国家规定且与其生产经营和服务规模相匹配的资金数额。具体而言，对于主要从事批发业务的商业性公司，其注册资金不得低于 50 万元；以零售业务为主的商业性公司，资金不得少于 30 万元；咨询服务性公司的注册资金则需达到 10 万元以上；而其他类型的企业法人，其注册资金最低限额为 3 万元。当然，如果国家对某些企业的注册资金数额有特别规定，那么这些企业则需按照相关规定执行。

②对于外商投资企业而言，其注册资本需与自身的生产经营规模及业务范围相匹配，并且国家对此设定了明确的最低比例或最低限额规定。具体而言：当投资总额不超过 300 万美元时，注册资本所占的比例不得低于 70%；投资总额在 300 万美元至 1000 万美元之间时，注册资本的比例不得低于 50%，且若投资总额低于 420 万美元，注册资本则不得少于 210 万美元；若投资总额介于 1000 万美元至 3000 万美元之间，注册资本的比例须不低于 40%，且对于投资总额在 1250 万美元以下的，注册资本的下限为 500 万美元；当投资总额超过 3000 万美元时，注册资本的比例不得低于投资总额的 1/3，而对于投资总额在 3600 万美元以下的，注册资本的最低要求为 1200 万美元。

③根据《中华人民共和国公司法》的规定，股份有限公司的最低注册资本要求是 1000 万元人民币，而对于含有外商投资的公司，这一最低限额则提升至 3000 万元人民币。对于有限责任公司，不同类型的公司有不同的最低注册资本标准：生产经营性和商业物资批发性的公司需达到 50 万元人民币，商业零售性公司为 30 万元人民币，而科技开发、咨询及服务性公司则为 10 万元人民币。此外，对于那些位于民族区域自治地区以及国家认定的贫困地区的企业，经过相关批准，它们的最低注册资本要求可以依据上述标准减半。

（3）资本金的筹集方式

①货币投资。注册资本中，投资各方需投入的货币资金量，除了覆盖实物、专利权、商标权等价值外，还需确保足够支付建厂及日常生产经营费用。根据我国法律规定，货币出资比例不得低于总资金的50%。

如果涉及外商投资，那么外商投入的外币资金，需依据缴款当天我国外汇管理部门发布的外汇汇率，转换成人民币或者双方约定的外币。举个例子，假设某个合资企业的合同中规定，其注册资本以美元为单位，而企业的记账本位币则是人民币。当合资企业的外资方以港币作为投资款项汇入时，记账流程就需要先将港币按照当天的汇率转换成美元，随后再用当天的美元对人民币的汇率，将美元金额折合成人民币金额，最后依据这个折合后的人民币金额进行记账。

②实物投资。实物投资包括固定资产投资和流动资产投资。

企业在进行固定资产投资时，会采用厂房、建筑物、机械设备、仓储运输设施等固定资产作为投入。这些固定资产的价值，通常以投资单位的账面记录为准，作为其原始价值；而由投资双方根据资产的质量和价值评估后商定的价格，则作为固定资产的净值，即实际投入的资金额。

相对而言，流动资产投资是指投资单位通过提供流动资产形式，如原材料、主要及辅助材料或劳务服务等，向企业进行投资。确定这类流动资产投资额的方法，与企业通常采用的流动资产计价方法保持一致。

③专利权、商标权和非专利技术投资。专利权是指发明人依据法律获得的一项权利，允许其在特定年限内对其发明成果拥有独立使用、独家占有以及转让的权利。任何单位或个人，若要使用该项专利，必须先获得专利权人的许可，并支付相应的报酬。同样，商标权也是一项重要的权利，它源于商标的注册，并受到法律的保护。商标之所以具有价值，是因为它能够为商标所有者带来显著的盈利能力。根据商

标法的规定，商标是可以转让的，但受让方必须确保使用该商标的产品质量。此外，商标还可以作为企业的出资方式之一。除了专利权，还有一种被称为非专利技术的资产，也称为专有技术、技术秘密或技术诀窍。这类技术包括先进的、尚未公开的、未申请专利的、能够带来经济效益的技术及其诀窍。具体来说，非专利技术主要分为两类：一类是工业专有技术，这类技术已经在实际生产中应用，但仅被少数人知晓，不享有专利权或发明权，如特定的生产、装配、修理、工艺或加工方法；另一类是商业（贸易）专有技术，这类技术涉及保密性质的市场情报、管理方法、员工培训方法等。

需要明确的是，专有技术作为投资与单纯由企业支付的技术转让费是两个不同的概念。其他单位有权将其拥有的专有技术转让给企业，并据此分期向企业收取一定费用，这笔费用就被称为技术转让费。

如商标权、专利权和非专利技术的应用，需要符合下列任何一项标准：其一，能产出市场需求强烈或热销的外贸商品；其二，可以显著改善现有的产品特性及品质，提高制造效能；其三，能大大降低对原料、能源和动力等资源的使用量。

虽然我国当前的法律与规定允许企业利用无形资产进行投资，但是无形资产的投资总额应当控制在一定范围内，以避免对货币和实物投资产生不良影响，从而妨碍企业的正常生产经营与发展。

此外，必须明确的是，投资各方依据合同约定向企业缴纳的出资，必须来源于投资者自身拥有的货币资产，以及那些未设置任何担保权益的实物资产、商标权、专利权、非专利技术等。

④土地使用权投资。当企业需要用地时，需向所在市（县）的土地管理部门递交申请，待审核通过后，通过与相关部门签订合同来获取土地的使用权。这份合同会详细列明土地的面积、具体位置、使用目的、合同的有效期限、土地使用权的费用（我们通常称之为"场地使用费"），以及合同双方各自的权利与义务，还有违约时应支付的罚款等相关内容。

场地使用费的具体标准，需要综合考虑多种因素来确定，比如场地的具体用途、地理位置和环境条件、征地拆迁以及安置所需费用，还有合资企业对基础设施建设的要求等。这些标准的制定权归属于企业所在地的省、自治区、直辖市人民政府。如果某企业已经拥有了所需土地的使用权，那么它有权将此土地使用权作为对新成立企业的出资，而出资的作价金额应当与取得同类土地使用权所需缴纳的使用费保持一致。

与场地使用费有所不同的是，土地使用权投资被视为对企业的一种投资形式，它构成了企业的无形资产，并且其价值会在一定期限内分期摊销，转化为企业的相关费用。在确定土地使用权投资的价值时，通常会综合考虑土地面积、使用年限以及政府所规定的土地使用费标准等多个因素，而具体的作价金额则需要由投资各方经过协商达成一致。相比之下，场地使用费则是企业因向政府申请使用特定场地而需按期缴纳的费用，它依据的是场地面积和政府制定的使用费标准，属于企业的一项固定费用支出。

二、流动资产投资管理

（一）现金管理

现金是流动性最强的资产，涵盖库存现金、银行存款，以及银行本票、汇票等。充足的现金对企业而言至关重要，既能降低财务风险，又能提升资金流动性。

1.现金管理的目的和内容

要了解现金管理的目的和内容，首先需要明白企业为何持有现金。

（1）企业持有现金的动机

①支付动机。支付动机指的是企业为满足日常运营需要，如购买材料、支付薪资和税金等，而需持有现金。尽管企业能从业务活动中获得现金，但收入和支出往往难以在数量和时间上完全匹配。

②预防动机。企业持有现金的预防动机，是为了应对可能出现的

意外情况。由于日常经营会受到价格波动、应收账款回笼不及时等多种因素的影响，导致现金流量难以准确预测。因此，保留一定数量的现金可以作为应对突发事件的储备。通常情况下，那些经营风险较高或销售收入波动较大的企业，其现金流量更难以掌控，所以它们需要持有更多的预防性现金。

③投机动机。企业持有现金的投机动机，是为了在证券市场价格波动较大时，能够抓住机会进行投机交易，从而获取利润。如果预期利率会上升，导致有价证券价格下跌，那么这种投机动机就会促使企业暂时保留现金，直到利率上涨的趋势结束。相反，如果预期利率将下降，推动有价证券价格上涨，企业则可能会将手中的现金投入证券市场，以期从证券价格的上涨中获益。

（2）现金管理的目的

现金管理的主要目的，是在确保企业日常运营所需现金充足的前提下，合理节约资金，并尽可能从暂时未使用的现金中获取更多利息收益。因为企业的库存现金不会产生收益，而银行存款的利息率远低于企业的资金回报率。如果现金储备过多，会导致企业收益减少；反之，现金不足则可能引发资金短缺，进而影响企业的正常生产经营。

（3）现金管理的内容

现金管理主要涉及三大方面：

一是制定现金收支预算，合理预测未来现金需求；

二是确定理想现金余额，并通过短期融资、还款或证券投资等手段调整实际余额以达到理想状态；

三是管理日常现金收支，加快资金周转，提升现金使用效率。

2. 现金最佳持有量的确定

现金虽然流动性最强，但盈利能力却最差。持有过多现金会降低企业盈利水平，而现金不足又可能导致经营受阻。因此，在现金持有量上，企业需要权衡风险与收益。西方财务管理中有多种确定最佳现金余额的方法，针对我国实际情况，以下介绍几种最常用的策略。

（1）成本分析模式

成本分析模式旨在通过考量持有现金的各项成本，来确定成本最低的现金持有量。企业持有现金会产生以下三种成本：

①资本成本（机会成本）。企业持有现金需要付出一定的成本，这个成本就是现金的资本成本。例如，如果某企业的资本成本率为10%，且平均持有50万元的现金，那么该企业每年需支付的现金资本成本就是5万元。现金持有量越多，资本成本也就越高。虽然为了维持正常经营，企业需要拥有一定数量的资金，并承担相应的资本成本，但如果现金储备过多，导致资本成本大幅上升，那么就不再划算了。

②管理成本。管理成本指的是为了管理企业现金资产而付出的费用。这包括建立现金管理内控制度、制定现金收支规则和预算执行方法，以及支付现金管理人员的工资和安全措施费用等。

③短缺成本。短缺成本指的是企业因现金不足，无法满足日常业务开支而遭受的损失，主要包括以下三种类型。

第一，丧失购买能力的成本。这一成本源于企业现金不足，导致无法及时采购原材料、生产设备等生产必需品，进而影响到企业的正常生产运营。尽管这种成本难以精确量化，但一旦发生，将给企业带来沉重的打击。

第二，信用损失与丧失现金折扣的成本。一方面，现金短缺可能导致企业无法按时支付货款，从而损害与供货方的关系，降低企业的信誉和形象，这种损失是深远且潜在的。另一方面，由于资金紧张，企业可能无法在供货方提供的现金折扣期内完成付款，从而错失享受折扣优惠的机会，增加了采购成本。

第三，丧失偿债能力的成本。当企业现金严重匮乏，以至于无法在短期内偿还各类债务时，将面临巨大的财务风险。这种情况不仅可能导致企业财务危机，甚至可能引发破产清算的严重后果。在所有现金短缺成本中，丧失偿债能力的成本最有可能对企业的生存和发展构成致命威胁。

（2）存货模式

存货模式的核心思路在于，通过比较企业现金持有量与有价证券之间的关系，来找到最佳的现金持有量。具体来说，就是权衡现金的持有成本和将现金转换为有价证券的成本，当这两者的总成本达到最低时，所对应的现金余额即为最优的现金持有量。

存货模式的运用，其前提在于假设企业在某个特定时间段内，其现金的流入与流出量均能够被准确预测。具体而言，企业在每个周期的初期会持有一定数量的现金。当每日的平均现金流出量超过流入量时，随着时间的推移，现金余额会逐渐减少，直至降至为零。此时，企业需要通过出售有价证券来补充现金，以确保下一周期的期初现金余额能够恢复到最高水平。随后，这笔资金将再次投入生产使用，随着生产的进行而逐渐减少，直至再次降至为零，然后又需要通过出售有价证券进行补充。这一过程将不断循环往复，以确保企业现金流的稳定与持续。

正如之前所述，当企业的现金储备接近枯竭时，就需要将持有的有价证券兑换成现金以满足日常运营的需要。然而，这一转换过程并非没有成本，它伴随着一些固定的费用支出。在特定时期内，如果频繁地进行有价证券的转换，那么这些固定成本就会相应增加。另一方面，企业保留现金也需要承担一定的成本。因为持有现金意味着放弃了将这部分资金投资于有价证券以获取利息收益的机会。通常情况下，在有价证券的收益率保持稳定的情况下，企业持有的现金余额越多，由此产生的机会成本就越大。

存货模式确定最佳现金持有量，其前提是未来现金流量稳定且呈周期性变化。但实际上，准确预测现金流量并不容易。如果预测值与实际值相差不大，那么可以在公式算出的最佳现金持有量基础上，适当增加一些即可。

（3）随机模式

随机模式是一种控制策略，特别适用于企业现金流量波动大、难

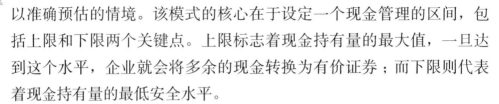

以准确预估的情境。该模式的核心在于设定一个现金管理的区间，包括上限和下限两个关键点。上限标志着现金持有量的最大值，一旦达到这个水平，企业就会将多余的现金转换为有价证券；而下限则代表着现金持有量的最低安全水平。

3.现金收支管理

企业进行现金管理时，除了制定合适的现金收支预算和确定最佳现金余额，还需做好日常现金收支的管控工作。

（1）加速收款

①集中银行。集中银行是一种加速资金回笼的策略，它通过在多处设立收款中心，取代了传统的单一总部收款方式。这一做法旨在缩短从客户支付账款到企业账户收到现金的时间。详细的执行步骤如下：当企业售出产品之后，各地区的收款机构需要出具发票。顾客拿到发票以后，可以立即到该地区收款机构付款或者以邮件方式提交支票。一旦收款机构确认了支付金额，他们就会立刻把钱存进本地的银行，或者是交由银行来处理支票兑换。然后，本地区的银行利用票据交换系统快速地把这笔资金转移到公司总部的所在地银行。

集中银行的应用带来了两大显著优势。首先，它极大地缩短了账单和支票的邮寄及处理时间。由于账单是由客户所在地的收款中心直接开具并寄送的，相较于从企业总部邮寄，这一过程所需的时间大大缩短。同时，客户支付的支票也是邮寄至最近的收款中心，而非企业总部，进一步减少了邮寄时间。其次，集中银行还缩短了支票兑现的时间。各地收款中心在收到客户支票后，会立即交给当地银行处理，企业便能迅速从该银行支取资金。然而，采用集中银行也伴随着一些挑战。一方面，每个收款中心在当地银行开设的账户需要保持一定的存款余额，随着收款中心数量的增加，这部分"闲置资金"的机会成本也会相应上升；另一方面，设立收款中心需要投入一定的人力和物力资源，成本较高。因此，财务主管在决定是否采用集中银行时，必须全面考虑这些因素，以做出最合理的决策。

②锁箱系统。锁箱系统是一种创新的现金管理方式，其核心在于通过租赁多个邮政信箱来加速从接收客户付款到将其存入当地银行的流程。该系统运作如下：企业向客户开具发票和账单，并指示客户将款项寄送至指定的当地邮政信箱。同时，企业会委托其在当地的开户银行每日定时开启这些信箱，迅速取出客户支票，随即进行登记、票据交换，并最终将款项存入企业账户。银行则会按照约定的时间表向企业转账，并提供详细的收款记录。锁箱系统的优势在于，与集中银行相比，它能更有效地缩短企业收款和存款的处理时间，几乎消除了从收到支票到支票完全存入银行之间的时间差。然而，这一系统也伴随着额外的费用支出。银行为了提供这一系列的服务，会要求相应的报酬，而这些费用通常与处理的支票数量成正比。因此，如果平均汇款金额较小，采用锁箱系统可能并不划算。

（2）控制现金支出

①使用现金浮游量。"浮游量"指的是企业所开出的支票总额超出了其银行存款账户的实际余额。这种情况之所以会发生，主要是因为从企业开出支票、收款人接收并送交银行，再到银行完成款项划转，整个过程中存在一定的时间差。在这段时间内，尽管企业已经开出了支票，但依然可以动用银行存款账户上的相应资金，以此来提高现金的利用效率。然而，企业在利用现金浮游量时需要格外小心，必须提前预估好这一差额，并严格控制使用的时间，否则可能会导致银行存款账户出现透支的情况。

②延缓应付款的支付。在确保企业信誉不受影响的基础上，企业应尽可能地延长应付款项的支付期限，充分利用供应商提供的信用政策。以采购材料为例，如果供应商规定开票后 10 天内付款可享受 2% 的现金折扣，30 天内则需按发票全额付款，那么企业应选择在第 10 天付款，这样既能最大化地利用现金流，又能享受到现金折扣的优惠。当然，如果企业面临资金短缺的紧急情况，或者短期内调度资金的成本较高，也可以考虑放弃现金折扣，但即便如此，也应在信用期限的

最后一天才进行支付，以充分利用这段信用期。

此外，企业可以通过使用汇票来推迟现金支付的时间。因为汇票不像支票那样可以即时支付，它需要购货单位承兑后银行才会付款，所以企业银行存款的实际支付时间会比开出汇票的时间晚。

（二）应收账款管理

企业为出售商品、原料或者供应服务所需支付给买家或是消费方的费用被定义为应收账款。这类债务的发生主要是基于公司的信用销售与延期付款政策，其中包含了两类关键因素：首先是为了适应市场的激烈竞争；其次是由于售卖及收款的时间通常存在时间差。

1. 应收账款的成本与管理目标

企业使用应收账款的商业信用，和持有现金一样，会产生一些成本，包括机会成本、管理成本、坏账损失和短缺成本。

（1）机会成本是指企业为了增加销售额而采取信用政策，导致一部分销售款项无法立即收回，需要为客户垫付资金。这笔资金因此失去了投资盈利的机会，形成了应收账款的机会成本。

（2）管理成本涵盖了为管理应收账款而产生的所有费用，比如调查客户信用状况的费用、账户的记录和保管费用、处理应收账款的费用，以及收集和整理信用信息的费用等。

（3）坏账损失指的是由于各种原因，总会有部分应收账款无法收回，这部分损失与应收账款的总量成正比。

（4）短缺成本则是指当企业无法向信誉良好的客户提供信用时，这些客户可能会转而选择其他企业，从而导致本企业的销售收入减少。这种潜在的销售收入损失就被称为短缺成本。

2. 信用政策

要想提高应收账款的投资回报，关键在于制定适当的信用政策。信用政策就是管理应收账款的一套规则，涉及企业如何规划和控制应收账款投资，具体包括设定信用标准、信用条件及制定收账策略。

（1）信用标准

信用标准是指企业为了满足客户需求，在销售业务中愿意提供的最低限度的付款宽限期，这个标准通常以预期的坏账损失率来衡量。企业在制定这一标准时，会综合考虑自身的经营状况、市场竞争的激烈程度以及客户的信用状况等多个因素。

①信用标准的定性评估

在评估信用标准时，我们通常从质量和数量两个维度来考虑。其中，质量的评估往往比数量的评估更加关键，因为客户的信用品质是其过往商业信誉的综合体现，能够全面反映客户履行付款义务的能力，这对于设定适当的信用标准至关重要。客户的信用状况通常受到五个因素的影响：品德、能力、资本、担保和条件。

A. 品德指客户是否会有履约或赖账的可能性，它体现了客户在履行付款承诺时的诚意。

B. 能力反映了客户的付款能力，通常通过评估其流动资产的数量、质量及其与流动负债的关系来判断。

C. 资本显示了客户的经济实力和财务状况，尤其是其有形资产净值与留存收益，是客户偿债的最终后盾。

D. 担保是指客户提供的作为债务担保的资产。

E. 条件指的是当前经济环境对客户付款能力可能产生的影响。

上述五种信用状况信息，可以通过多种途径获取：一是查阅客户的财务报告资料或银行提供的信用资料；二是与其他与该客户有信用往来的企业交流，获取其付款记录、信用额度、交易历史等信息；三是利用企业自身的经验和其他可用资源；四是向商业代理机构或征信机构查询，获取客户的信用信息和信用评级。

②信用标准的定量评估

为了进行信用标准的定量评估，我们可以制定一套信用标准。这套标准依据客户的具体信用信息，选取几个具有代表性的、能够反映企业偿债能力和财务状况的指标作为评估依据，以此来决定是否给予客户信用。

（2）信用条件

信用标准是企业用来评估客户信用等级，并据此决定是否提供信用的基准。而信用条件则是指企业为客户设定的支付赊销款项的具体要求，这包括信用期限、折扣期限及现金折扣等细节。具体来说，如果客户能在发票开具后的 10 天内完成付款，就能享受到 2% 的现金折扣；如果客户选择不享受折扣，那么他们就必须在 30 天的信用期限内全额付清款项。这里的 30 天即为信用期限，10 天为折扣期限，而 2% 则是提供的现金折扣率。

①信用期限

信用期限是企业允许客户赊账的最长时间。虽然较长的信用期限有助于提升销量，但也会增加坏账风险、资金占用成本和收账费用。因此，企业需谨慎考虑，设定合理的信用期限。

②折扣期限与现金折扣

企业延长信用期限会增加应收账款占用的资金。为了加快资金回笼、降低坏账风险，企业常采用现金折扣策略，鼓励客户提前付款，缩短收款周期。同时，现金折扣也能吸引更多看重优惠的客户，从而增加销量。折扣率与折扣期限通常相互关联：折扣率越高，折扣期限越短；反之，折扣期限则越长。

③收账政策

企业的收账政策是指针对不同过期账款所采取的收款方式及其成本。例如，对于短期欠款，企业可能会通过书信温和地催收；而对于长期欠款，则可能采用更频繁的书面和电话催收，甚至在必要时采取法律手段。

企业在设定应收账款政策时，需要明确以下两个关键点。

第一，收账成本与坏账损失的关系。随着企业投入更多的收账成本，应收账款被拒付的风险会降低，从而减少潜在的坏账损失。但这两者之间的关系并非直线上升或下降。初期，增加一些收账成本能略

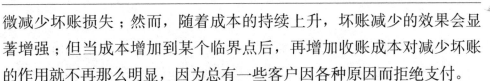

微减少坏账损失；然而，随着成本的持续上升，坏账减少的效果会显著增强；但当成本增加到某个临界点后，再增加收账成本对减少坏账的作用就不再那么明显，因为总有一些客户因各种原因而拒绝支付。

第二，收账成本与期望收回的应收账款之间的关系。企业只有在预计从应收账款回收的收益能超过所花费的收账成本时，才有必要去支付这些成本以收回账款。

3. 应收账款的日常管理

为了有效管理已产生的应收账款，企业应加强日常管理，采取有力举措进行分析和控制，以便及时发现并应对问题。这包括追踪分析应收账款、进行账龄划分并分析、评估收现率，并建立坏账准备制度。

进行账龄分析时，企业可以编制一张分析表，根据某一特定时间点，把所有在外的应收账款按照开票日期归类（即确定账龄），然后计算每个账龄段的应收账款余额占总余额的比例。

（三）存货管理

存货是指企业在生产和经营过程中，为了销售或生产消耗而储备的各类资产，涵盖了商品、成品、半成品、在制品、原材料、燃料、包装材料及低值易耗品等。作为连接产品生产和销售的关键环节，存货管理的效率直接影响企业的收益、风险承担能力和资产的流动性。因此，高效的存货管理对于确保企业生产的顺畅进行、满足市场需求、维持生产平衡、降低生产成本以及预防意外事件具有至关重要的作用。

1. 存货管理目标

为了确保生产和销售的顺利进行并考虑成本效益，企业需要储备一定量的存货。然而，企业内部对于存货储备的看法存在差异。

采购部门倾向于大批量采购，以享受价格折扣并节省运输费用。他们还希望提前采购，以避免紧急订货带来的额外费用和供应中断的风险。

生产部门期望能够进行大规模、均衡且稳定的生产，因为频繁更换产品会增加成本，降低生产效率。大规模生产同一产品会导致平均存货量上升。

销售部门则希望企业拥有充足的存货，这样不仅能增强市场竞争力，还会因为能提供现货而促进销售增长。他们还希望存货品种丰富，或者生产部门能根据客户需求迅速调整产品种类，无论订单大小。

考虑到上述特点，企业的存货管理需确保既能满足生产和销售的需要，保障生产经营活动的顺畅进行，又要力求降低存货成本，减少流动资产的占用，提升资金利用效率。因此，企业存货管理的核心目标是在存货的成本与所带来的收益之间做出权衡，以实现两者的最优化结合。

2. 存货成本

存货成本指的是企业为储存存货所产生的各类费用，主要包括以下三种。

（1）进货成本。进货成本主要包含三个部分：存货的购买价格、进货过程中产生的费用，以及采购时需要缴纳的税金（例如增值税的进项部分和进口原材料的关税）。在物价和税率保持稳定，且不存在因采购数量而获得折扣的情况下，采购税金的总金额会保持相对稳定，因此在做决策时可以视为不相关的成本。

①进价成本是指存货自身的价格，通常通过存货数量乘以单价计算得出。假设每年的需求量是 D，每件的单价是 u，那么进价成本就是 D 乘以 u。

②进货费用是企业为了进货而产生的各项开支。其中一部分费用与进货的次数相关，比如差旅费、邮寄费和通信费等，这部分被称为进货变动费用，每次的费用记作 K；另一部分则与订货次数无关，比如固定采购部门的日常开销，这部分被称为进货的固定费用，用 F1 表示。而订货的次数则是通过每年的需求量 D 除以每次进货的批量 Q 计算得出的。

（2）储存成本。这个成本是指企业因为储藏商品而产生的各种开销，包括资金使用利息、仓库租金、保险费以及由于商品破损或变质导致的损失等。

储存成本可以分为两类：一种是固定成本，它与库存的数量无关联，比如库房折旧和员工的稳定薪资；另一种则是变动成本，这个过程直接涉及库存的数量，例如库存占用的利息、由于库存损坏或者变质导致的损失以及保险开销。

三、销售收入与利润管理

（一）销售收入管理

1. 销售收入管理概述

（1）销售收入的概念及组成

在商品经济环境下，企业生产产品的初衷并非自用，而是为了销售。企业在某个时间段内，通过销售产品或提供劳务所获得的收益被称为销售收入，这包括产品销售所得和其他业务所带来的收入。

①产品销售收入。企业最主要的收入来源是产品销售收入，它在企业整体销售收入中占比最大，因此是销售收入管理的关键环节。对于工业企业而言，产品销售收入涵盖了销售产成品、自制半成品以及提供工业性劳务等所获得的收入。这种收入的实现并不受销售对象的限制，既包括对外部单位销售产品所获得的收入，也包括对企业内部非生产部门销售产品所取得的收入。

②其他业务收入。其他业务收入指的是企业除产品销售外，通过其他销售活动或业务所获得的收入，如材料销售、固定资产和包装物出租、外购商品销售、运输服务、无形资产转让以及提供非工业性服务等。

（2）销售收入的确认

销售收入管理的一个重要环节是确认销售收入，这直接关系到纳税时间的确定及利润的计算。准确确认销售收入的实现，对于维护国家与企业的利益分配、确保国家财政收入，以及正确评估企业的经营成果和经济效益，都具有极其重要的意义。

按照《工业企业财务制度》的要求，企业确认销售收入实现的时间点是产品发货、劳务提供，并且收到款项或取得收款凭证时。基于权责发生制，销售收入实现的主要标志有两个：

一是物权转移，即产品发货、劳务提供完成；

二是货款回收或收款权利取得，即企业已提交发票账单给对方或已办理银行托收手续，获得收款权益。

企业根据上述规定确认的销售收入并非最终的销售净收入，因为实际业务中常涉及销售退回、折让和折扣等情况。按照《工业企业财务制度》，这些事项应从当期的销售收入中扣除。

销售退回是指购买方因产品质量、品种规格等不符合合同或规定要求，而将已购买的产品全部或部分退回给企业的情况。销售折让则是由于产品存在某些问题，如外观破损，经双方协商后，企业在价格上给予购买方一定优惠的情况。对于这两种情况，企业需及时查明原因和责任，并相应减少销售收入。销售折扣是企业为了促销，鼓励消费者或用户增加购买量或提前付款而采取的措施，常见形式包括现金折扣、数量折扣和季节折扣等。

①现金折扣是企业为了促使购买方在规定期限内尽快支付货款所提供的一种价格优惠。例如，优惠条件是"2/10，n/30"，意味着购买方需在 30 天内结清货款，若能在 10 天内完成支付，则可享受货款总额 2% 的折扣。

②数量折扣是企业为了激励购买方增加购买量，针对大量购买行为提供的一种价格减让，简而言之，购买数量越多，单价越低。

③季节折扣则是针对季节性产品，企业为鼓励购买方购买过季商品而提供的一种价格折扣。

（3）销售收入管理的意义

销售收入是衡量企业生产经营成果的主要财务指标，加强销售业务管理，确保收入及时到账，对国家和企业都至关重要。

①确保销售管理得当，及时获取销售收入，是维持企业再生产流程顺畅的关键要素。在社会主义市场经济背景下，企业作为独立核算的经济单位，需依靠自身收入来平衡支出。对于工业企业而言，其再生产流程涵盖采购、制造和销售三大环节。只有当企业将产品成功销售给消费者和用户，并及时回笼资金，再生产才能得以持续进行。

②为了满足国家建设和人民生活的需要，加强销售管理并及时回收销售收入至关重要。在社会主义市场经济环境下，企业生产的根本目的是满足社会需求并实现盈利。仅仅生产出产品并不足以达成此目标，只有将产品迅速销售出去，才能证明这些产品符合社会需求，从而更快地服务于国家经济建设和人民生活。

③企业要实现纯收入、完成财政上缴任务并扩大自身积累，必须加强销售管理，确保销售收入及时到位。销售收入扣除生产经营中的成本后，剩余的部分即为企业纯收入，这包括税金和利润。企业需将一部分税金和利润上缴财政，剩余部分则按照既定规则进行分配。

2. 销售价格的管理

销售收入由销售数量与销售单价相乘得出。当销售数量确定时，销售价格成为决定销售收入的关键因素，因此，管理销售价格对销售收入管理至关重要。

（1）产品价格的概念。产品价格体现了产品的价值，涵盖了生产过程中转移的物质劳动价值和新增的活劳动价值。产品的价值高低由生产它所需的社会必要劳动时间决定。

（2）工业品价格体系及构成。在过去高度集中的计划管理体制中，我国工业品的价格大多由中央或地方物价管理部门及企业主管部门统一规定，企业很少有机会自主定价。然而，随着经济体制改革的推进和商品经济的蓬勃发展，企业自主权的扩大，这种高度集中的价格管理方式逐渐暴露出诸多不足。许多产品的价格既无法准确反映其价值，也无法体现市场的供求状况，这严重阻碍了经济体制改革的深化和社会经济的进一步发展。

我国现行的工业品价格体系，根据产品在流通中所经历的关键阶段，主要分为出厂价、批发价和零售价三种。

①出厂价格，即生产企业向商业批发企业或其他企业销售产品时所采用的价格，它是其他各类价格的基础。

②批发价格，是批发企业在向零售企业或大量采购的单位销售产品时所定的价格，它为实际零售价格提供了依据。

③零售价格，则是零售企业面向消费者或用户销售产品时的价格，是产品流通中的最终价格。

工业品价格体系显示，出厂价格是工业品价格的基础，对批发价和零售价有着决定性的作用。

（3）出厂价格的制定。在制定工业品出厂价格时，除了遵循国家的物价政策外，还需要综合考虑以下几个主要因素：

①产品价值。产品的价格是其价值的货币化体现，企业在设定产品价格时，应当以该产品的价值作为根本依据，确保价格大致与其价值相匹配。唯有如此，企业才能在常规的生产经营活动中弥补各项成本开支，顺利完成向财政上缴的任务，并满足自身资金积累和进一步扩大生产规模的需求。

②供求关系。价格随供求关系变化而在价值附近波动。供不应求时，价格上涨，促进生产，抑制消费；供过于求时，价格下跌，促进消费，抑制生产。

③其他因素。当企业为产品定价时，除了产品本身的价值和市场上的供求状况这两个核心要素，还需综合考量不同产品间的价格比例、销售途径、消费者偏好，以及由质量、季节、流通环节等引起的价格差异，以确保产品价格设定得更为合理。

工业品的出厂价有多种定价方式，以下是几种常见的方法。

①基于成本加成法，产品的出厂价格是在其成本费用（涵盖制造和运营费用）的基础上，再加上销售税金和预期利润来确定的。

②反向定价法则从零售价格开始，通过考虑批零差价和进货批发

差价，反向推算出产品的出厂价格。

③心理定价策略则是根据消费者和用户的心理预期来设定产品价格，例如，某些知名品牌的产品定价会远高于其他同类产品。这样既能满足消费者对名牌的追求，又能提升企业盈利。

除了前面提到的四种定价方式，制定产品价格还可以采用创利额定价法和比较定价法等方法。总之，在社会主义市场经济日益发展的背景下，随着企业定价权的扩大，企业应当按照价值规律，全面考虑各种因素，选择合适的定价策略，以制定出合理的价格，从而实现扩大销售和增加利润的目标。

3. 产品销售预测与日常管理

（1）产品销售预测。产品销售预测是企业基于销售数据和市场需求调查，采用科学方法预估未来某时期产品的销量和收入。

产品销售预测的手段多种多样，主要可以分为经验判断法和数学分析法两大类。

经验判断法依赖于人们的实践经验，通过分析和判断来预测企业未来的销售趋势，比如专家咨询、集体讨论、市场调研等。这种方法简单易行，特别适合在资料不足的情况下进行中长期的预测。

数学分析法则是基于企业过去的销售数据，运用数学工具来预测未来的销售趋势，如时间序列法、回归分析法、本量利分析法等。

①时间序列法。时间序列法是一种通过分析过去几期销售数据随时间变化的趋势，来预测未来销售值的方法。这种方法包括简单平均法、加权平均法和移动平均法等，都是按照时间序列来分析和预测的。

第一，简单平均法是通过将过去几期的实际销售数据相加，然后除以数据的期数，以此来计算预测值。

第二，加权平均法则根据各期销售量对预测值的不同影响程度，赋予它们不同的权重，然后计算这些加权数据的平均值，以此作为销售预测值。

第三，移动平均法则是在销售时间序列中选取一组数据，计算它们的平均值，然后逐步移动这组数据，以接近预测期的那个平均值为基准，并考虑发展趋势进行适当的调整，从而确定销售预测值。

②回归分析法。回归分析法是通过分析销售趋势，构建回归模型，并求解该模型来预测销售值的方法，适用于销售量持续线性增长的企业。

③本量利分析法。本量利分析法是通过分析销售量、成本和利润之间的关系，在明确产品成本的基础上，根据期望的利润目标来推算销售量的方法。

（2）销售收入的日常管理。销售收入的日常管理主要包括以下四个方面。

①按需组织生产，做好广告宣传工作。只有当企业的产品满足社会需求、质量优秀、品种多样且规格齐全、价格适中，并受到广大消费者和用户青睐时，才能成功销售，快速转化为销售收入。因此，企业必须高度关注市场调研与预测，根据社会需求组织生产，积极研发新产品，不断提升产品质量，并努力降低成本，向市场提供既受欢迎又性价比高的产品。

②加强销售合同管理，认真签订和执行销售合同。经济合同是法人之间为了达成某种经济目的，明确双方的权利与义务而签订的契约。在当今企业中，产品销售大多依赖于销售合同的签订。因此，企业财务部门应当主动配合销售部门，加强对销售合同的管理，确保合同的签订与执行，以保障销售收入的顺利实现。首先，企业需根据生产进度及时与采购方签订销售合同，合同中应详细列明产品的种类、数量、规格、价格、交货时间、交货地点、付款方式及违约条款。其次，企业应加强库存产品的管理，根据合同要求及时挑选、包装，并确保产品的顺利发货。

③做好结算工作，及时收回货款。产品销售包含两个关键环节：一是将产品交付给购买者，二是从购买者那里收回货款。因此，企业在重视产品交付的同时，也必须关注货款的回收。首先，在选择结算

方式时，企业应遵循既利于产品销售又便于及时回收货款的原则。其次，在采用托收承付方式时，企业应尽快获取发货和运输的相关凭证，并及时向银行办理托收手续，同时监督购货单位按时支付货款。最后，对于超过约定时间仍未收回的账款，企业应迅速查明原因，并根据具体情况采取适当的处理措施。

④做好售后服务工作，为今后进一步扩大销售奠定基础。企业应当秉持对消费者和用户负责的态度，在产品售出后，致力于提供优质的售后服务。这包括为消费者和用户免费进行产品的安装与调试，提供所需的配件与备件，建立完善的维修服务体系，坚持提供上门服务，迅速响应并解决产品故障，同时实行包修、包退、包换等保障措施。优质的售后服务能够消除消费者和用户的顾虑，塑造良好的企业形象，提升产品口碑，增强市场竞争力，为未来的销售增长和盈利提升打下坚实的基础。

（二）利润管理概述

1. 利润的构成

利润反映了企业在某一特定会计期间的经营成效，它包含了营业利润、总的利润额及净利润这几个部分。作为评估企业生产经营管理水平的主要综合性指标，利润额的多少至关重要。当利润总额为正时，意味着企业实现了盈利；而当其为负时，则表明企业遭遇了亏损。

（1）企业的经营盈利是指其主要业务收入与相关支出相抵消之后剩余的部分，加上非核心业务带来的盈余，再减去运营成本、管理费和金融费用等各项花费得出的总数。而投资回报则是包含公司通过外部投资所得的利益、股票红利、债权息率，以及当投资期限结束或者中间转手时的超出原始价值的获益，也包括根据股权比例计算出来的，被投方的净值增长。

（2）投资收益则涵盖了企业从对外投资中获得的利润、股利、债券利息，以及投资到期或中途转让时获得的超过账面价值的收益，还包括按照权益法计算时，被投资单位净资产增加中企业所占的份额。

投资损失指的是，对外投资到期或中途转让时所得款项低于账面价值的差额，以及按照权益法计算时，被投资单位净资产减少部分中企业应承担的金额。

（3）补贴收入。补贴收入是指企业根据规定实际收到的退还的增值税款项，或是依据销量、工作量等国家规定的标准计算并定期获得的定额补助，以及因属于国家财政支持领域而取得的其他各类补贴。

（4）营业外收入与营业外支出。企业的营业外收入和支出是指与其主营业务不直接相关的各种收入和费用。

①营业外收入。这种收入与销售收益有关，但并非直接来自生产和经营活动，而是与企业存在一定的联系。

第一，固定资产的盘盈收益是固定资产原值减去预估折旧后的余额，而出售固定资产的净收益则是出售价格减去清理费用后与固定资产账面净值的差额。

第二，罚款收入是企业因对方违反行政管理规定而依法收取的罚金。

第三，有些应付款项由于债权人单位变更或撤销等原因，确实无法支付，这些款项也属于企业的收入。

第四，教育费附加返还款是针对自办职工子弟学校的企业，当这些企业缴纳了教育费附加后，教育部门会返还一部分资金作为学校的经费补贴。

②营业外支出。营业外支出涵盖以下几个方面：由于设备损毁、淘汰或者故障导致的财产净亏损；因为不在正常生产周期内或是维修期内的工厂关闭带来的经济损失；公司内部设立的员工子女教育机构及技术培训中心所需费用；意外的大规模财务损失；对公共福利和社会救助项目的捐助；以及赔付给其他公司的罚款和合同违约款项；等等。

第一，固定资产的净损失包括盘亏、毁损、报废、出售所造成的损失。其中，固定资产盘亏和毁损是指原价减去累计折旧以及过失人和保险公司赔偿后的差额；而固定资产报废则是报废变卖所得收入扣除清理费用后与账面净值之间的差额。

第二，非季节性和非维修时间的停工损失与季节性和维修时间的停工损失是有区别的，前者会列入营业外支出中。

第三，职工子弟学校和技工学校的支出也被归类为营业外支出。在职工子弟学校是指企业超支支出用于子弟学校的费用，而技工学校是指企业经费用于技工学校的情况。

第四，非常损失指的是自然灾害引起的资产净损失（扣除保险赔偿和资产残值后），以及由此导致的停工损失和随后的清理费用。

第五，公益援助性捐赠是指企业向国内重大灾害或慈善活动提供的援助资金。

第六，赔偿金和违约金是指企业因未能履行相关合同或协议而需向其他单位支付的罚款性支出，包括赔偿金和违约金等。

（5）净利润。净利润即税后利润，是企业扣除所得税后的总利润。

2. 增加利润的途径

企业利润受销售量、单价、成本、期间费用和营业外收入等多个因素影响。以下是增加利润的主要方法。

（1）从根本上说，企业要想增加利润，就得提升产量与质量，同时不断扩大销售。这意味着，企业需增加产量，提升产品质量，确保产品符合市场需求，并深入进行市场预测，以扩大销售收入。

（2）降低成本是增加利润的又一主要途径。在销售收入增加的同时，成本费用的高低直接决定了利润的多少。两者是此消彼长的关系：成本费用越高，利润越少；反之，成本费用越低，利润越多。

（3）合理使用资金并加速资金周转也是增加利润的重要手段。这要求企业合理配置资金，确保各种资金形态的比例适当，并加快资金周转速度。在资金总量不变的情况下，资金周转越快，销售收入和利润就会相应增加。

（三）利润分配管理

利润分配是指企业在完成利润总额的调整后，依据相关规定缴纳所得税，并从中提取盈余公积金和公益金，同时向投资者分发利润的一系列活动。企业利润实际上是生产者通过额外劳动所创造的产品价值的一部分，而利润分配的本质就是采用货币形式来分配这部分产品价值。利润分配是一项高度依赖政策的工作，它必须严格遵循国家的相关法律法规和制度，确保在分配过程中能够平衡国家、企业、投资者及职工等多方的经济利益。

作为财务管理体制的关键一环，利润分配制度在我国随着财务管理体制的调整而经历了不少波折。长期的改革和实践经验表明，无论是采取以利润代替税收、以税收代替利润，还是实行利税承包等税利合一的方式，都存在着明显的缺陷，无法符合政企分开、经营权与所有权分离的原则。因此，利润分配制度改革的方向应当是"税利分流，税前还贷，按资分红"。

1. 利润分配的一般程序

（1）亏损的管理。当企业的收入在一定时期内无法覆盖支出时，就会出现亏损。这种亏损根据性质可分为政策性亏损和经营性亏损两类。

①政策性亏损是指企业在遵循国家政策的过程中所产生的亏损。这类亏损在财政部门审核后，可能会采取定额补贴或亏损包干等措施，以鼓励企业提高生产效率、节约开支，尽量减少亏损。

②经营性亏损则是由于企业经营不善或管理不善导致的亏损。这种亏损原则上应由企业自己负责解决。根据《工业企业财务制度》的规定，企业当年度所造成的损失可以由下一年度的预先收益予以抵消；若下一年的收益仍然不够填补，可在接下来五年内持续填补；如依然不能完全补偿，那么就必须利用税收后的收益去补充了。

（2）税后利润分配的管理。企业按照国家规定对实现的利润总额进行调整后，得到的数额就是应纳税所得额。这个数额再乘以相应的税率，就得到了企业应缴纳的所得税额。在遵守国家相关法律的前提下，企业需要依法缴纳所得税。除非国家另有规定，否则税后利润的分配将遵循以下顺序：

①补偿因违法被没收的财物及支付的滞纳金和罚款；

②填补企业往年的亏损；

③提取法定盈余公积金时，应按税后利润扣除前两项损失后的10%比例提取；当公积金金额达到注册资本的50%时，无须再进行提取；

④提取公益金；

⑤向投资者分配利润，往年未分配的利润可并入此年一同分配。

在管理税后利润分配时，需要注意以下几个方面。

第一，假如企业的过往年度损失未能全部填补，则无法动用剩余的盈余公积及公共基金。这些盈余公积是由公司税收后的收益所累积而成，其主要包括两种类型：法定盈余公积与随意盈余公积。依照国家的有关规定，公司需按特定比率自税收后的收益中抽取出法定盈余公积；至于随意盈余公积，则取决于公司自身的管理需要，由董事会的决策或是公司章程中的条款来决定是否从当前的税收后收益中提拨出来。

第二，只有在提取了盈余公积金和公益金之后，企业才能向投资者分配利润。这些利润由两个部分组成：一是企业按照前面的分配顺序处理完税后利润后剩下的部分；二是企业之前年度尚未分配的利润。而企业如何向投资者分配这些利润，则取决于其具体的组织形式。

第三，股份有限公司利润分配的特殊性。股份有限公司在提取法定盈余公积金和公益金之后，根据财务规定，其税后利润的分配遵循以下顺序：①支付优先股股东的股利；②根据公司章程或股东大会的决定，提取任意盈余公积金，这部分公积金的提取和使用都需遵循相关决议；③支付普通股股东的股利。这意味着，任意盈余公积金的提取发生在优先股股利分配之后，但在普通股股利分配之前。在向投资者分配利润时，优先股股东享有优先权，只有在他们的股利得到支付后，若有剩余，才会分配给普通股股东。

2. 股利政策

股利，即股息与红利的简称，是股份公司从其税后利润中划拨给股东的部分，作为对股东投资的回报。股利政策则是股份公司在制定与股利相关决策时所遵循的原则和策略，涵盖了股利支付的比例、方式及程序等多个方面。其中，股利支付比率是股利政策的核心，它直接关系到股份公司在证券市场上的股价表现、融资能力以及资本积累能力。

（1）影响股利政策的因素

制定合理的股利政策，对股份公司利润分配管理至关重要，也是一项颇具挑战性的任务。股利政策的合理性直接影响企业的市场估值、融资能力及未来发展。影响股利政策的主要因素可概括为以下三个方面。

①法律因素。法律因素主要涉及国家相关法律法规对股利分配的规定，主要包括以下两点：

其一，资本保全是一个重要原则。为确保投资者权益，公司只能用当期利润或保留盈余来支付股利，不得因支付股利而削减资本总额。

其二，资本积累原则要求企业在分配股利时，必须优先考虑积累，按照一定的比例和基数提取各类公积金。

②股东因素。股利政策的最终决定权在董事会，并需经过股东大会的审议批准，因此，股东的意见和需求也是制定股利政策时不可忽视的重要因素。股东的影响主要体现在三个方面。一是关于控制权稀释的问题。在那些由少数股东掌控的公司中，若股利支付比例过高，留存收益便会相应缩减，公司若需未来发展，可能会选择增发股票来筹集资金，这就有可能削弱或丧失原有的控制权。二是避税考量。部分股东为了减少因股利所得的税收支出，倾向于低股利政策，他们更希望通过提高股票价格来获得更多的资本增值收益。三是收入稳定性需求。有些股东依赖股利收入来维持生计，因此他们更希望获得稳定的股利回报。

③公司因素。公司因素主要指的是企业的经营状况和财务状况等方面，具体体现在四个方面。一是债务偿还的要求。企业向外部借款时，为了降低贷款风险，债权人通常会在贷款协议或企业债券中设置一系列限制企业支付股利的条款。例如，限制每股股利的最高额度，要求企业的流动比率、利息保障倍数等财务指标达到安全标准才能分红，或者要求企业建立偿债基金后才能分配股利。二是企业的融资能力。如果企业具备较强的融资能力，能够迅速筹集到所需的资金，那么它可以采取较高的股利政策；反之，如果融资能力较弱，则应采取较低的股利政策。三是考量企业的资产流动性。若企业手头现金及流动资产充裕，流动性好，则可选择高股利政策；反之，若流动性较差，则应倾向于低股利政策，以降低潜在的财务风险。四是关于资本成本的因素。企业在选择融资方式时，资本成本的高低是一个关键考量。相较于发行股票、债券或银行贷款等方式，利用留存收益进行融资具有成本低、隐蔽性高等优势。因此，当企业需要大规模资金投入发展时，通常会选择低股利政策。

（2）股利政策的确定

在确定合理的股利政策时，需要全面考虑上述各种影响因素，并从多种股利政策类型中选择最适合的一种。股份公司常用的股利政策类型包括以下几种。

①固定股利政策。此项政策规定，无论公司的运营状况如何，每一期的股利支付都是固定不变的。只有当预计未来盈余将会显著且无法逆转地增长时，每一期的股利支付额才会提高。企业采用这一政策的主要目的是防止因经营不善而减少股利，从而塑造良好的财务形象。但是，这项政策存在一个重要的问题，即股利支付并不取决于企业的盈利状况，即使企业盈利较低，也需要支付固定的股利，这可能会导致企业资金紧张，财务状况恶化。

②固定股利支付率政策。这一政策也被称为灵活股利政策，意味着企业每年都会从税后利润中按照一个固定的比例来分配股利。由于

企业每年的利润会有所波动，因此股利支付额也会随之变化，确保了股利支付与企业盈利之间的紧密关联，遵循了"盈利多则多分，盈利少则少分，无盈利则不分"的原则。然而，该政策的一个缺陷在于股利会随着企业盈利的频繁变动而波动，这可能会影响企业股票价格的稳定性，对企业树立良好的财务形象构成不利影响。

③正常股利加额外股利政策。这个政策规定，企业除了定期给股东发放固定股利外，盈利大增时还会额外发放股利。

④剩余股利政策。此政策下，企业盈利后首先用于满足投资需求，剩余部分才用于支付股利。

（3）股利支付形式

关于股利的支付形式，有多种常见的类型，包括现金股利、股票股利、财产股利、负债股利及股票回购等。根据我国在《股份有限公司规范意见》中的相关条例，股份公司在分配股利时，主要可采取现金和股票这两种形式。

①现金股利。货币资金形式的股利被称为现金股利，它是股份公司分配股利时最为普遍和基础的方式，也最受投资者欢迎。企业若采用现金股利分配方式，需满足两个基本条件：一是要经过董事会决策并获得股东大会的批准；二是企业必须拥有足够的留存收益和现金流。

②股票股利。股票股利是企业通过股东大会同意后，采用发行新股的方式来发放的股利。企业选择这种方式，可以避免支付现金，从而更好地满足生产经营所需的现金流。对于股东来说，股票股利不属于应税收入，因此可以免除个人所得税的缴纳。当股东需要现金时，他们可以选择出售手中的股票来换取现金。

第二章　现代企业财务管理模式的设计与构建

第一节　现代企业财务管理模式的设计

一、企业财务管理模式的组成要素与环境分析

（一）财务管理模式的组成要素

财务管理构成了企业管理不可或缺的一环，其构成要素对整个财务管理体系的运作至关重要。下面将深入剖析财务管理的各个组成要素。

财务目标是财务管理的中枢要素。它主要包括提升财务收益和缩减财务风险两大方面。通过确立明确的财务目标，企业能够有针对性地制定财务策略和规划，并据此做出正确的财务决策，从而确保企业财务状况稳健，实现可持续发展。

在财务管理中，财务资源扮演着至关重要的角色，涵盖了企业的资金、固定资产及其他关键的财务要素。为了达成财务目标，企业需要对这些财务资源进行合理的配置、管理和运用，从而为企业的日常运营和长远发展提供有力的支持。

财务规划与控制也是财务管理的重要组成部分。具体而言，财务规划是在明确财务目标的基础上，制定出的一套完整的财务策略、计划和预算，对各项财务活动进行周密规划和部署。而财务控制则侧重

于对财务活动进行过程的监督和调整，确保所有财务活动都能严格按照既定目标进行，不偏离轨道。

财务管理的一个关键组成部分是财务信息系统，它负责搜集、加工、分析以及呈报财务信息，为企业的各项决策提供有力的依据。一个高效的财务信息系统能够确保提供精确且可信的财务数据，助力企业开展财务分析、监控活动以及做出明智的决策。

人力资源也是财务管理不可或缺的一环。企业需要拥有掌握财务管理专业知识与技能的员工，以确保财务管理模式的顺畅运行。人力资源的培养、成长以及团队间的默契配合，对于财务管理的有效实施具有举足轻重的作用。

（二）外部环境对财务管理的影响

设计企业财务管理模式时，外部环境是一个必须考虑的重要因素。外部环境一旦发生变动，可能会给企业的财务管理带来正面或负面的效应，所以，深入分析外部环境对于构建有效的财务管理模式来说至关重要。

1.市场竞争

当前，现代企业所处的市场竞争环境十分激烈，且不同行业的竞争态势存在显著差异。对于那些身处高度竞争行业的企业而言，它们需要格外关注财务管理的效率与效益，不断追求卓越，力求通过降低成本、提升利润来增强竞争力。相比之下，在低竞争行业中运营的企业，则可以更多地着眼于财务管理的稳定性与持续性，确保现金流的平稳及投资回报的稳定。

2.宏观经济环境

企业经营状况和财务状况会受到宏观经济环境波动与变化的直接影响。举例来说，在经济衰退期间，企业可能会遇到销售减少、资金匮乏等困难，这就要求财务管理必须更加重视风险控制与资金的有效管理；相反，在经济繁荣时期，企业可能会迎来更多的投资机会，此时，财务管理则需更加聚焦于投资决策的优化与资金的合理配置。

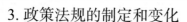

3.政策法规的制定和变化

企业的财务管理模式会受到政府出台的经济政策、税收政策及财务监管规定等多种因素的影响。因此，企业有必要根据相关政策法规的具体要求，灵活调整自身的财务管理策略，以保障经营活动的合规性，同时维护良好的财务状况。

4.外部市场环境的变化

市场的发展趋势、消费者需求的变动及技术创新等因素，都会对企业的财务管理产生显著影响。举例来说，随着新兴市场的不断崛起和技术创新的持续推动，企业可能会迎来新的商业机遇，也要面对更为激烈的竞争挑战。在这样的背景下，财务管理就需要更加注重创新驱动和市场营销，以适应市场变化，把握发展机遇。

（三）内部环境对财务管理的影响

设计企业财务管理模式时，内部环境是一个至关重要的考量因素。内部环境涵盖了企业内部的多种因素和条件，比如组织结构、人力资源配置、管理制度及内部控制体系等。这些内部环境的特点及其变化，会对企业的财务管理产生深远且持久的影响。

在企业内部环境中，组织结构占据着举足轻重的地位，它直接作用于财务管理。一个构建得当、运作有效的组织结构，能够显著提升财务决策的效率与精准度。比如，当财务部门内部职责划分和分工明确时，财务管理流程便能得到有效规范，进而确保财务数据的准确性与可靠性。此外，组织结构还关乎财务决策权力的分配与责任归属。不同的组织结构形态，可能会使得财务决策趋于集中或分散，这种差异将直接反映在企业财务管理的成效上。

在企业内部环境中，人力资源占据着至关重要的位置。财务人员的素质、数量及配置方式，直接决定了企业财务管理的能力与水准。拥有高素质的财务人员，意味着企业能够获取准确的财务分析与预测，从而为战略决策提供有力的支撑。同时，适量的财务人员配置能够确保工作得到有效分担，进而提升财务管理的效率。此外，人力资源的培训机制与激励措施同样对财务管理产生深远影响。通过实施有针对性的培训项目和制定合理的激励政策，可以激发财务人员的工作热情与积极性，推动财务管理的创新与发展。

在企业内部环境中，管理制度是一个不可或缺的重要因素。一个健全的财务管理制度，能够有力地规范企业的财务活动，从而提升管理的整体效果。举例来说，通过设定清晰的财务审批流程、建立严密的财务报告制度以及完善的内部控制制度，可以有效地防范和降低内部欺诈的风险，确保财务数据的准确无误和值得信赖。此外，管理制度还与风险管理紧密相连。一个完备的风险管理制度，能够帮助企业及时发现并妥善管理各种财务风险，进而确保财务目标的顺利达成。

二、企业财务管理模式的策略制定

（一）确定财务目标与战略

制定企业财务管理模式的策略时，首要任务是明确财务目标与战略。财务目标即企业财务管理追求的具体成效，财务战略则是实现这些目标的方法和途径。

企业在设定财务目标与战略时，需结合自身实际及市场环境变化。

首先，企业要弄清楚自己的经营目标，这既包括短期和长期的，也涵盖与财务紧密相关的，比如盈利多少、发展快慢、资产负债比例如何等。

其次，企业还要考虑市场环境的变化和竞争对手的动向。财务目标和战略要跟市场环境合拍，不能太过冒进，也不能太过保守。比如，在竞争白热化的行业里，企业可能要更看重短期盈利能力，以抢得先机。而在相对平稳的行业里，企业则可能更着眼长远，追求可持续发展。

再次，在制定财务目标与战略时，企业也不能忽视风险管理。要对各种财务风险，如市场风险、信用风险、流动性风险等，进行评估，并有针对性地制定策略来减小这些风险带来的冲击。

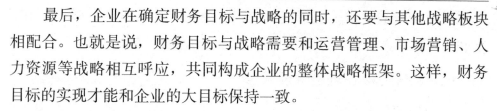

最后，企业在确定财务目标与战略的同时，还要与其他战略板块相配合。也就是说，财务目标与战略需要和运营管理、市场营销、人力资源等战略相互呼应，共同构成企业的整体战略框架。这样，财务目标的实现才能和企业的大目标保持一致。

（二）确定财务策略与控制措施

制定财务策略与控制措施是企业财务管理中的关键步骤，它能帮助企业规避风险，提高财务表现，实现持续发展。

企业首先要做的是选定适合自己的财务策略。这个策略需要跟企业的整体战略相匹配，以实现企业的财务目标为方向。首先，企业要明确财务目标，比如盈利多少、增长多快、现金流要有多稳等，这样才能保证财务策略跟企业的大目标不脱节。其次，企业还要根据自己所处的竞争环境和市场需求，来制定具体的财务策略。比如说，如果是发展很快的企业，财务策略可能就要多考虑怎么融资、怎么投资，以支持企业继续扩张；而如果是成熟稳定的企业，财务策略可能就更看重怎么管好现金流、怎么控制好风险，好让企业稳稳当当地运行下去。

企业在规划财务策略的同时，也要配套制定相应的管控措施。这些措施的目的是保证财务策略能被有效执行和严密监控。一方面，企业需要制定合理的财务制度和规范，理清财务操作流程，明确每个人的职责，以确保财务活动既规范又合规。另一方面，财务预测和预算管理也要跟上，要制定好预算控制的各项指标，还要时常观察、适时调整。再者，健全的内部控制体系也必不可少，比如审计、风险预防、内部审查等，都要做到位，这样才能保证财务信息的准确无误。

另外，在制定财务策略和控制措施的过程中，财务风险管理也是必须考虑的一环。它在企业财务管理中扮演着至关重要的角色，能帮助企业避开、减轻或转移风险，从而保障财务安全。企业需要对各种风险进行全面剖析和评估，然后有针对性地制定应对策略和解决办法。如面对市场风险，企业可以采取灵活的资金运作策略和投资组合，以

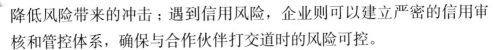

降低风险带来的冲击；遇到信用风险，企业则可以建立严密的信用审核和管控体系，确保与合作伙伴打交道时的风险可控。

（三）确定财务风险管理策略

1. 风险评估与分类

企业在确定财务风险管理策略前，要先做好风险评估和分类的工作。这也就是说，需要全面分析企业里里外外可能碰到的风险。内部风险如财务舞弊、资金滥用、员工失职等；外部风险如市场波动、政策调整、竞争加剧等。通过评估和分类，我们能把各种风险分得清清楚楚，然后给每种风险都量身定做一套管理策略。

2. 风险防范与控制

企业在制定财务风险管理策略的过程中，风险防范与控制是至关重要的一环。这要求采取一系列合适的措施和机制，来减少风险发生的可能性和影响。比如，针对内部风险，可以健全财务内部控制体系，强化审计和监督，确保财务活动既合规又准确。而对于外部风险，则可以通过市场调研和预测，灵活调整企业的经营策略，同时加强风险防范措施。

3. 风险应对与应急预案

尽管企业已经做好了风险防范和控制，但风险仍有可能不期而至。所以，在制定财务风险管理策略时，企业还要准备好风险应对和应急预案。比如，面对突然的市场变动或政策调整，企业可以事先规划好几套应对方案，以应对各种可能发生的情况，力求把财务风险降到最低。同时，还需建立起快速的信息传递和跟踪监测体系，这样一旦有风险事件发生，就能及时发现、迅速应对。

4. 风险评估与策略调整

财务风险管理是一个不断进行的过程，需要企业不断地审视和调整其管理策略。一旦确定了财务风险管理策略，企业就要定期开展风险评估，紧盯风险的变化和走势。依据评估的结果，企业必须灵活调整财务策略和控制手段，好让自己能跟上环境的变化和风险的新态势。

此外，企业还要及时总结并分享风险管理的得失，这样一来，企业对风险的认识和应对能力将不断提升。

（四）制定财务决策流程与制度

制定企业财务管理策略时，制定并落实财务决策流程和制度极为关键，这有助于达成财务目标，规范财务操作，推动企业持续发展。

企业在制定财务决策流程与制度的过程中，需要明确财务决策的层级架构和具体流程。这涵盖了决策的步骤、谁能拍板以及个人的职责范围等。明确了决策流程，就能保证决策既科学又合规，避免因为决策失误而惹上麻烦。另外，把决策的拍板权力和责任范围划分清楚，还能提升决策的速度和准确度，避免因为信息传递不畅或者责任不清而浪费时间、增加成本。

企业在制定财务决策制度时，也要考虑决策的程序和标准。这包括收集和分析决策信息、评估和选择决策方案、执行和监控决策等步骤。有了规范的决策程序和流程，就能保证决策既合理又一致，还能提升决策的质量和成效。另外，还要建立起有效的决策执行和监控体系，这样一旦发现决策执行有偏差或者出现问题，就能及时纠正，保证决策能顺利地落实和管理好。

企业在制定财务决策流程和制度时，还要兼顾自身的特殊情况和外面的大环境。企业规模、所处行业、市场竞争这些都要考虑进去，使得财务决策流程和制度能更贴合实际。同时，也要关注宏观经济、法律法规、市场风险这些外部因素，它们对财务决策也有影响。需要根据这些变化，及时调整和完善决策流程和制度，让企业能灵活应对各种挑战。

制定财务决策流程和制度，需要企业上下一心，共同参与和推进。加强内部沟通与协作，保证每个人都能充分了解和严格执行这些流程和制度。同时，还要建立有效的反馈和风险预警系统，一有问题或障碍，就能马上发现、马上解决，这样才能不断完善和优化企业的财务管理模式。

三、企业财务管理模式的实施与评估

（一）财务管理模式的实施步骤

实施财务管理模式对企业财务管理至关重要，其成效直接影响财务管理效果。要确保有效实施，需按以下步骤进行。

1. 明确财务管理模式的目标和理念

实施财务管理模式前，企业需要先明确财务目标和理念，这样能让员工都理解支持，也为后续实施打好基础。

2. 制订实施计划和时间表

确定了目标和理念之后，企业要制订一个详尽的实施计划和时间表。这个计划要把各项任务分解开来，并且排好时间，还要配上相应的资源和人力。有了一个合理的时间表，实施起来就更有条理，也能把风险降到最低。

3. 组织实施团队

推动和支持财务管理模式的实施，需要一个专业的团队。企业需要组建一个专门的实施团队，团队成员要有相关专业背景和丰富经验。这个团队负责具体实施，如调整流程、搭建系统、培训员工等。

4. 进行系统搭建和流程调整

企业在实施财务管理模式时，需要对现有的财务管理系统进行一番调整和优化。要重新确定财务管理流程，以使其能适应新模式。还要构建和配置好相关系统，保证系统能支撑新模式的运行。

5. 员工培训和沟通

为了让财务管理模式顺利实施，员工的积极参与和支持必不可少。因此，企业要对全体员工进行培训，让他们了解新的财务管理理念、熟悉新流程和系统。还要加强内部沟通，让员工更认同实施工作，这样才能提高实施的成功率。

6. 监控和调整

财务管理模式实施后，企业要一直跟踪监督并进行必要的调整。

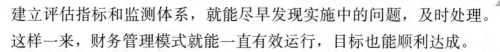

建立评估指标和监测体系，就能尽早发现实施中的问题，及时处理。这样一来，财务管理模式就能一直有效运行，目标也能顺利达成。

（二）财务管理模式的评估指标

实施企业财务管理模式时，评估其成效很关键。评估能帮我们及时发现问题、优化策略，提升财务管理能力。所以，评估要依据具体指标和标准来进行。

1. 财务绩效

企业财务管理模式的有效性，会通过财务绩效体现出来，像盈利能力、偿债能力和运营能力这些方面，都能用指标来衡量。如净利润率、资产负债率、应收账款周转率等，都能看出企业财务管理模式的成效。定期评估、比较这些指标，就能知道财务管理模式是否需要改进和优化。

2. 风险管理

当前，商业环境复杂多变，企业要应对的风险很多，如市场风险、信用风险、流动性风险等。所以，评估财务管理模式的效果时，要看企业在风险管理上做得怎么样。比如，分析评估风险控制措施，就能知道企业财务管理模式在风险管理上是不是有效、可行。

3. 内外部环境的变化

企业财务管理模式要适应环境变化，无论是宏观经济、行业竞争还是公司内部，都要适应。所以评估财务管理模式时，要考虑环境变化，再考察财务管理模式跟环境是否适应。

4. 人力资源和技术支持

先进的财务管理模式需依靠适当的人力与技术资源来确保顺畅运行。评估时，需考量人力资源的组织、培训及激励措施，以及信息系统的性能、数据采集与处理技术等，以确保该模式实施与运行的高效性。

（三）财务管理模式的实施效果评估

确保企业财务管理模式高效运行的关键步骤在于对其实施效果进行准确评估。这一评估能帮助我们及时洞察财务管理模式的成效，进而对实施策略进行必要的优化与调整。

在着手评估时，首先是数据的搜集与整理。通过深入分析并对比财务数据，我们能清楚看到模式实施后财务领域的具体改善情况。其次，还需收集员工的反馈及他们对模式的评价，从而全面把握该模式对企业财务管理的实际影响。

在进行财务管理模式的评估时，一个至关重要的步骤是根据该模式的具体目标和构成要素，精心挑选并设定一系列评估指标与标准。这些指标应当全面覆盖财务绩效与业务影响两大方面。财务绩效指标可以细化为盈利能力、偿债能力、运营效率等主要方面，用以衡量模式在提升企业经济效益方面的实际成效。而业务影响指标则涵盖了客户满意度、供应链管理等多个领域，以评估模式对企业整体运营和市场表现的正面推动作用。在选取这些评估指标时，必须充分考虑企业的独特性质、长远战略目标，并紧密结合所处行业的特性和外部环境的变化趋势。例如，若企业处于一个竞争异常激烈的行业环境中，那么将市场份额的扩大与销售增长率的提升纳入评估指标体系就显得尤为必要，这不仅能直观反映财务管理模式在增强市场竞争力方面的贡献，还能为企业的战略调整与优化提供有力依据。

在评估财务管理模式的实施效果时，需结合定量与定性两种分析手段。一方面，通过对数据的深入分析及各项指标的细致打分，我们能够得出关于模式效果的量化评估结果。另一方面，借助深入访谈交流及专家团队的研讨，我们还能获取对模式的质性评价与建议。这种将定量与定性评估相结合的综合方法，能够使我们更全面地把握财务管理模式的实施成效。

第二节　现代企业财务管理模式的构建

一、企业财务管理模式的目标设定

（一）目标设定的原则与方法

企业财务管理模式中，目标设定至关重要，直接影响其经营与发展。设定目标时，需遵循科学可行的原则与方法。

1. 明确性原则

在设定目标时，明确性是关键所在，这意味着目标需用明确的语言描述并包含具体的内容，从而避免模糊和泛泛而谈。这样的设定能让管理者和员工一目了然地了解他们需要达成的具体目标。举个例子来说，一个明确的目标设定可以是："在接下来的三年时间里，致力于使企业年度利润增长率提升至少 10%。"

2. 可测量性原则

设定目标时，可测量性是一个重要标准，意味着目标需要能够被量化和评估，以便于监督和控制其实现进度。为了实现目标的可测量性，我们可以使用具体的指标和量化的数据来定义目标，比如："力争将企业的库存周转率提升至每年 8 次。"

3. 可实现性原则

在设定目标时，需充分考虑企业的实际情况和自身能力，防止目标过于理想化或超出企业能力范围。为了制定出切实可行的目标，我们应当通过对企业历史数据和市场状况的深入分析，进行科学的预估和判断，从而确保目标的可行性及其实现的可能性。

4. 时效性原则

目标设定需明确时间限制，让管理者和员工有紧迫感，促进目标

达成。如："一年内，企业成本费用比率降5‰。"

5.可比较性原则

在设定目标时，应确保其具备可对比性，意味着目标需能与行业内其他企业或标杆进行比对评估。这有助于企业发现自身的短板，并明确改进和提升的方向。我们可以借鉴行业的平均水平或成功案例，来制定具有对比意义的目标。

（二）目标设定的实施过程

在企业财务管理模式的目标设定阶段，正确进行目标设定极为关键。为确保目标的准确性和实施的有效性，需遵循相应的原则与方法。接下来，我们将深入讨论目标设定的实施过程，并介绍一些实用的方法和技巧。

在进行目标设定时，首先是进行全面分析。管理者需深入了解企业内外的环境条件、资源状况，以及与目标设定相关的各类信息。唯有基于对当前状况的分析和对未来趋势的预判，方能制定出有的放矢的目标。

其次，目标设定的实施还需紧密贴合企业的战略目标。企业的战略目标犹如指引长期发展的明灯，财务管理模式的目标设定务必与之相呼应。因此，在实施过程中，管理者需对企业的战略目标有明确的把握，并将其精髓融入目标设定之中，确保财务管理模式的目标与企业整体的发展蓝图相协调。

再次，在实施目标设定的过程中，明确具体的细分目标是关键一步。将整体目标细化为一系列可操作的小目标，能够显著提升目标实施的效率和可行性。为了实现这一目标，管理者可以运用多种策略，比如层级目标分解技巧和SMART原则等，确保每个目标都具有明确性、可量化性和可实现性。通过将大目标拆解为更小、更具体的阶段性目标，我们能够更有效地管理目标的推进过程，并根据实际情况及时做出调整和优化。

实施目标设定后，有效的监控与评估是必不可少的环节。目标的设立只是第一步，真正的挑战在于如何实现它，这需要我们不断地对其进行监控和评估。为此，管理者应当构建起合适的指标体系和评估机制，及时收集、分析与目标相关的各类数据，以便紧密跟踪目标的达成进度。在推进过程中，一旦发现目标实施存在问题或需作出调整，管理者应立即采取改进措施，并通过有效的沟通与协调，确保各项调整能够顺利落实。

二、企业财务管理模式的组织架构优化

（一）组织架构优化的原则与方法

优化企业财务管理模式的组织架构时，需遵循一定原则，采用相应方法，确保优化有效且可持续。

1. 合理分工

组织架构优化的关键在于确保各职位与岗位的任务分配清晰明确，以实现工作的高效协同。在分配任务时，必须依据人员的专业技能和经验来合理安排，让每个岗位都能承担适合的工作任务。同时，加强横向协作和信息交流也至关重要，以便不同部门之间能够顺畅交流与合作。

2. 强调适度授权

为了优化组织架构，必须构建一个有效的权责分配体系，让每个职位的权限范围和职责都清晰明了。在授权时，需遵循适度原则，既要赋予员工足够的自主权，使其能够自主决策和有效执行，又要防止授权过度，以免引发管理混乱。此外，还需建立相应的绩效考核体系，对授权的结果进行监督和评估。

3. 注重流程优化

在组织架构优化的过程中，不仅要合理分配职责和权限，还要注重财务管理流程的优化。通过仔细梳理、总结和改进财务流程，能够减少不必要的审批环节，减少冗余步骤，从而提升工作效率。为了实现流程的精简与自动化，我们可以借鉴价值流分析、精益制造等常用

方法。

4. 推行信息化建设

组织架构优化的一个重要目标是消除部门间的信息隔阂，实现信息的共享和集中管理。为此，我们需要引入先进的信息系统和技术手段，提升财务管理的信息化程度。这涵盖了搭建全面的财务管理信息平台、推行电子化的凭证和报表系统、运用数据分析技术等措施。信息化建设不仅能加快信息流转速度，还能为决策层提供更加准确的数据支撑。

（二）组织架构优化的实施过程

在优化企业财务管理模式组织架构时，实施过程很关键。下面将深入讨论实施步骤及所用方法与原则。

优化前，需要先全面分析评估当前财务管理模式。研究现有架构，找出问题和瓶颈，为优化指明方向。

依据评估结果，我们要确立组织架构优化的具体目标和基本原则。此时，需明确优化目标，比如提升财务管理效率、优化资源分配等。同时，还要明确改革的基本原则，诸如确保与企业发展战略相匹配、加强内外部的沟通与协作等。

随后，我们要着手制定与调整组织架构的优化方案。依据之前确定的目标和原则，制订出详细的组织架构调整计划。这涵盖了明确各财务部门的职责权限、设定岗位及人员配置等。在制定方案时，需紧密结合企业实际，全面考虑企业的规模大小、行业特点及市场环境等多方面因素。

实施组织架构优化方案。这一阶段，要协调各部门合作，保证架构调整顺利推进。同时，加强员工培训引导，让他们尽快适应新的工作内容和流程。

最后，对优化效果进行评估反馈。监测评估新财务管理模式的运行情况，根据需要及时调整完善架构。同时，将调整结果反馈给相关部门和员工，让他们了解改革成果及后续工作重点。

三、企业财务管理模式的权责分配

（一）权责分配的原则

企业财务管理的核心在于权责分配，它关乎资源有效配置、责任明确及合作执行机制。要顺利实现权责分配，可遵循以下原则。

1. 注重任务分工

在权责分配的过程中，我们要基于各职能角色和岗位的特性，明确每个人的职责和任务，促进不同部门和个体间的工作互补与协同。举例来说，财务部门需承担起资金规划、预算编制及资金流管理等职责，而部门经理则需保证部门预算的有效运用，并努力实现财务目标。

2. 考虑充分授权

在权责分配时，需要确保每位员工获得充分的权力和自主权，激励他们积极主动地履行自己的职责。通过构建合理的审批和决策流程来实现授权，可以减轻决策层的压力，提高工作效率，同时提升员工的工作满意度。

3. 遵循一体化原则

在权责分配的过程中，各职能部门间的良好沟通与协调至关重要。各部门需携手合作，共同努力达成企业的财务目标。比如，财务部门与销售部门需紧密配合，确保销售数据的准确统计及财务报表的及时编制。

4. 遵循结果导向原则

权责分配的一个核心原则是目标导向，即权力与责任需紧密围绕目标和结果来设定。财务管理团队需保证权责分配与企业的长远规划相契合，并制定明确的绩效考核标准，以此激励员工积极工作，达成既定的财务成果。

（二）权责分配的实施过程

构建企业财务管理模式时，权责分配极为关键。它包含多个重要步骤和决策，是保障企业内部协调运行的核心。

1. 进行权责分配前的准备工作

在这一阶段，我们要明确每个部门和岗位的职责权限，并进行合理的设计划分。为此，需全面熟悉企业的组织架构，清楚了解各部门的职能和具体工作，以确保权责分配的准确无误。

2. 在实施过程中需要进行充分沟通和协商

各部门需紧密协作，共同界定责任范围和权限边界。这要求各部门加强协调沟通，确保权责之间能够相互补充、协同作业，从而防止冲突和重复情况的发生。

3. 制定明确的权责分配方案

制定方案时，需着眼于企业的全局目标和战略，确保权责分配能助力企业沿着既定的方向和战略重点前进。同时，也要兼顾各部门的资源和能力状况，科学分配权责，防止部门负担失衡或资源无谓消耗。

4. 制定详细的权责分配规范

这涵盖了清晰的工作流程、责任追溯及绩效考核指标等规范，便于管理层监督评估权责执行情况，及时发现问题并采取改进措施。

5. 实施后的评估和反馈

评估权责分配效果能及时发现问题与不足，进而采取改进措施，这是不断优化企业财务管理模式的关键。

（二）权责分配的效果评估

在企业财务管理模式中，权责分配的合理性至关重要。它能显著提升财务管理的效率和成果，助力组织顺利达成财务目标。所以，对权责分配的效果进行评估是不可或缺的。

1. 明确评估的指标和标准

评估时，我们常用的指标有财务报告的精确度、内部控制的健全度，以及财务决策的时效性。针对企业的实际情况，我们可以制定相应的评估准则。比如，财务报告的精确度可通过误差比例来衡量，内部控制的健全度可通过审核结果来评价，而财务决策的时效性则可通过决策的执行时长来测定。

2. 进行数据收集和分析

企业管理者可通过多种方式如调查问卷、面对面交流、会议记录等，收集各部门职责、流程规定及决策权限等相关数据。接着基于这些数据进行分析，比对现有权责分配与目标设定的契合度，找出不合理之处，并提出具有针对性的改进建议。

3. 与各个相关部门进行沟通和协调

在评估期间，企业管理者需积极与财务部门、业务部门及内部审计部门等进行沟通，获取他们对权责分配的意见和感受。此外，也可邀请外部专家或顾问加入评估过程，借助其专业知识和经验，使企业管理者能更全面、公正地评估权责分配的效果。

4. 制定相应的改进措施和计划

基于评估结果，企业管理者能发现权责分配中存在的问题与短板，并提出改进建议。随后，他们需与相关部门携手制定改进方案，明确改进的具体目标、步骤及时间表。在推进改进措施时，企业管理者还需注重与各部门的紧密合作与协调，以保障改进措施能够顺利执行。

四、企业财务管理模式的流程再造

（一）流程再造的原则与方法

企业实施流程再造需遵循一定原则与方法。

第一，需要明确流程再造的目标和理念。在启动流程再造之前，企业需明确再造目标，即期望通过再造达成的效果。此外，企业还需秉持先进的管理理念，如顾客至上、注重效率与质量等，以指引流程再造的方向。

第二，要进行全面的流程分析。企业在推进流程再造时，需全面审视现有流程，找出问题所在及瓶颈环节，以便实施优化与改进。对现有流程进行深入分析，发现冗余步骤，进而简化流程，提升效率。

第三，要采用跨部门的合作方式。流程再造往往牵涉多个部门和岗位间的协同作业。为此，企业应促进各部门间的沟通与合作，构建顺畅的跨部门协作体系。通过优化各部门间的信息传递和沟通方式，可以确保流程再造取得最佳成效。

第四，要运用信息技术来支持流程再造。现代企业的运作离不开信息技术的支撑，流程再造同样如此。企业应充分利用信息技术的优势，引入先进的信息系统辅助流程再造。例如，通过采用电子化的工作流程，实现流程的自动化和线上处理，从而提升工作效率和质量。

第五，流程再造是一个不断追求进步和完善的过程，企业需不断地进行监督与效果评价。在完成了流程优化举措后，企业应构建起一套高效的监督机制，定期对优化后的流程展开评估并收集反馈，以便迅速发现存在的问题，并立即采取相应措施予以调整。

（二）流程再造的实施过程

在企业财务管理模式的流程再造时，实施过程的作用很重要，它包含一系列旨在保障流程改造目标成功达成的步骤和行动。下面将详细阐述这一实施过程，同时特别强调在实施过程中应遵循的主要原则与实用方法。

在着手进行流程再造之前，明确目标和预期成效是不可或缺的步骤。这一步至关重要，因为它是有效策划和执行后续流程再造措施的前提。此外，在制定目标时，还需全面考量企业的内部条件、外部环境以及各利益相关者的需求，以此来保障流程再造的可行性和长期可持续性。

为了确定流程再造的重点和先后顺序，首先要深入分析和评估当前流程的状态。这通常包括绘制现有流程的流程图、收集并分析相关数据，以及发现存在的问题等环节。通过这一系列对现有流程的认真探究，我们能够准确找到流程再造的关键环节和改进方向，从而为后续的实施工作制定出更具针对性的策略。

随后，实施过程将步入流程再造的设计和优化阶段。在设计这一方案时，简化、标准化及自动化流程是需要着重关注的三个方面。简化流程意味着要优化决策流程，剔除冗余环节和重复性工作，从而提升工作效率。与此同时，标准化流程旨在为企业建立一套统一的作业规范和标准，确保工作的一致性和可管理性。此外，借助信息技术和系统集成的力量，实现流程的自动化，还能进一步增进工作效率和准确性。

在实施过程中，对流程再造进行监控与评估是不可或缺的一环。这一步骤能够让我们迅速发现并应对实施过程中出现的问题和困难。为了有效监控，我们需要设定一系列合理的指标和标准，用以追踪流程再造目标的达成进度，并根据实际情况做出必要的调整和优化。而评估环节则要求我们对实施效果进行周期性的全面审视和反馈收集，基于这些评估结果，可以进一步改进和完善流程再造的成果。

五、企业财务管理模式的信息系统集成

在企业财务管理模式中，信息系统集成极为关键，它能将内部各财务管理系统无缝连接，促进数据共享，提升管理效率。实施时需遵循既定原则与方法。

信息系统集成的基础在于明确目标与需求。企业在启动信息系统集成项目之前，必须先明确集成的宗旨及待集成的系统范围。明确的目标能为企业划定集成的范围和侧重点，指导集成工作的有序开展。此外，还需对各财务管理系统的具体需求进行深入调研与分析，确保集成后能够贴合企业的实际需求。

在信息系统集成的过程中，挑选正确的集成方法是至关重要的。企业可以根据实际需求，从点对点集成、中间件集成、企业服务总线（ESB）等多种方法中做出选择。因为每种集成方法都有其特定的应用场景和优势，所以企业需结合自身的实际情况，选出最适合自己的集成策略。

信息系统集成的核心在于保障数据的准确无误和一致性。为此，在集成过程中，企业必须构建一套有效的数据清洗和验证体系，以确保集成后的数据能准确反映企业的财务情况。另外，建立数据共享规

则和权限管理机制也至关重要，这样可以保证只有获得授权的人员才能查看和修改相关数据。

在推进信息系统集成时，重视培训与沟通是不可或缺的。因为集成工作牵涉多个系统间的连接与互动，离不开各部门的紧密配合。所以，企业需组织系统培训，增强员工对集成系统的运用与操作能力。另外，强化内部沟通同样重要，以确保各部门对集成目标有明确的了解，并能携手合作，共同推动信息系统集成的顺利进行。

第三节 现代企业财务管理模式的实施

一、培训

（一）培训目标和意义

在进行企业财务管理模式培训的过程中，首先需明确培训目标，这是至关重要的一步。这些目标的设定基于对企业财务管理模式的深入了解和剖析，目的在于增强员工对该模式的认识和应用技能，从而推动企业财务管理的有效落实。培训的重要性不仅体现在员工个人技能的增长上，更重要的是它能对整个企业财务管理体系的进步和顺畅运行产生积极的推动作用。

设定培训目标时，必须明确阐述企业财务管理模式的核心思想及目标。培训的目的是让员工全面把握企业财务管理的意义及其与企业战略目标之间的紧密联系。这样做能帮助员工树立正确的财务管理观念，培养全局视野，从而在实际工作中准确地运用和实施财务管理模式。

培训的另一重要目标是增强员工的专业技能。在进行企业财务管理模式培训时，应涵盖专业知识和实用技能的传授，以满足员工在财务管理领域的实际需要。这涵盖了财务分析、成本控制、预算编制等多个方面的教育内容，旨在让员工熟练掌握各类工具和方法，并能灵活应用于日常工作。通过这些培训，员工的专业能力和技术水平将得到提升，为有效实施企业财务管理模式奠定坚实基础。

培训同样需要着重培养员工的团队协作与沟通能力。由于企业财务管理模式的推行离不开多个部门的共同努力，因此，培训过程中应强化团队精神的培养，激励员工积极参与团队合作与交流。通过培训，员工应掌握出色的沟通技巧和问题解决能力，能够与其他部门顺畅地沟通与协调，携手推动企业财务管理模式的成功实施。

培训的价值体现在促进员工的职业发展上。通过接受企业财务管理模式的培训，员工能够全面提升自身的综合素质和能力层级，为自己的职业道路开辟更多机遇和选择。在实际工作中，那些精通财务管理模式的员工往往更具竞争力，能够肩负起更大的责任，面对更多的挑战，从而为个人的职业发展奠定牢固的基础。

（二）培训内容和方法

在进行企业财务管理模式的培训过程中，培训内容的规划以及培训方法的选择被看作极其重要的一环。两者的合理安排直接关系到培训的成效及受训者的接受度。下面，我们将重点探讨企业财务管理模式培训中的核心内容及其采用的方法。

在确定培训内容时，我们应当聚焦于企业财务管理模式的核心组成部分，诸如财务制度、财务分析及财务报告等方面。关于财务制度，培训应涵盖内部控制、风险管理、预算与成本控制等主要方面，目的是帮助受训人员掌握企业财务管理的基础框架和流程。财务分析的部分则应包括财务比率分析、财务指标的计算，以及财务报表的解读等内容，为受训人员提供评估企业财务状况和经营绩效的工具。此外，财务报告也是培训内容的重要一环，受训人员需学习如何编制财务报告，包括其流程、方法及要求，以确保财务信息能够准确、及时且可靠地传达给相关利益方。

选择培训方法时，需结合受训者的特点及培训目标来综合考虑。在企业财务管理模式的培训中，常用的培训方式有讲座、案例分析、小组讨论和模拟实践等。讲座作为普遍采用的培训手段，通过专家或讲师的传授，向受训者传授理论知识。案例分析则是一种侧重于实践的培训方式，借助真实或模拟的财务管理案例，帮助受训者理解和运用企业财务管理模式。小组讨论强调互动性，让受训者围绕财务管理问题进行深入探讨，促进相互间的交流与合作。而模拟演练则通过模拟真实场景，如角色扮演等，使受训者能在实践中锻炼和应用企业财务管理模式。

（三）评估培训效果

在进行企业财务管理模式培训时，评估效果极为重要。它能让我们客观了解培训成效，并据此作出调整和改进。

1.明确评估的目标和标准

在制订培训计划的同时，我们应设定明确的培训目标，并确立相应的评估指标和标准。这些标准可以涵盖员工在知识掌握、技能提升以及对企业财务管理模式的理解和应用等方面的表现。

2.使用合适的评估工具和方法

我们可以采用问卷调查、考试测试和个别访谈等作为评估工具。问卷调查能收集参与者对培训内容和方法的满意度，以及他们对财务管理模式理解程度的反馈。考试测试则用于检验员工在知识和技能上的掌握水平。个别访谈则能更深入地了解员工对培训的感受，以及他们在财务管理模式应用上的实际情况。

3.及时获取有效的反馈

评估工作应与培训计划同步进行，及时收集员工的评估数据和反馈意见，迅速掌握培训的实际情况，并据此对培训内容和方法进行适时调整和优化，从而提升培训效果。

4.进行数据分析和总结

分析评估数据后，我们可以得出培训效果的结论和相应建议，并将这些总结在评估报告中。这些结论和建议能为企业未来的培训活动提供指导，推动财务管理模式的不断完善和发展。

二、沟通

（一）沟通目的和重要性

在企业的财务管理模式中，沟通扮演着至关重要的角色。它不仅能促进信息的传递和共享，还对整个财务管理模式的有效实施发挥核心作用。沟通旨在确保所有相关方对财务管理模式有统一的认识，从而能够紧密合作，共同达成财务目标。

沟通的重要性在多个层面得以体现。首先，沟通能加速信息的流通与共享。凭借有效的沟通，各部门和岗位能迅速获取财务管理模式的相关信息，从而更准确地掌握企业的财务状况及发展趋势。其次，沟通对于提升工作效率和加强团队合作至关重要。顺畅的沟通能消除误解和误差，提高作业效率，并促进团队成员间的协作，实现协同作业。此外，沟通还能增强员工的参与意识与归属感，激发其积极性和创造力，为财务管理模式的成功实施营造积极的工作氛围和条件。

在构建企业财务管理模式的沟通机制时，选择合适的沟通方式和工具至关重要。我们应依据不同情境和需求，灵活选用面对面交流、电话沟通、书面文件、会议及现代信息技术等多种沟通手段，并可结合实际情况进行组合运用，以确保信息能够及时且准确地传递。

此外，对沟通效果的评估同样不可或缺。沟通结束后，我们应对其效果进行审视和评估，以检验是否达到了预期目标。这可以通过收集反馈、开展沟通效果调查等途径来实现。基于评估结果，我们能够适时调整沟通策略和方法，进而提升沟通效率。

（二）沟通方式和工具

选择适当的沟通方式和工具，对企业财务管理模式的沟通至关重要，能有效提升信息传递效率和交流质量。

一种常见的沟通方式是面对面会议。在面对面会议中，各部门和团队成员能直接进行交流、探讨并解决问题。这种面对面的沟通方式有助于人们更深入地了解彼此的观点，降低误解和信息扭曲的风险。

同时，管理层可通过面对面会议向员工传达企业财务管理模式的核心信息，解答员工的疑惑，从而增进共同的理解和共识。

电子邮件是另一种常用的沟通工具。电子邮件因其快速便捷的特点，成为信息传递的理想选择，并能有效记录和保存沟通内容。管理层可利用电子邮件向全体员工发布关于企业财务管理模式的重要通知、指导方针和政策等信息。员工则可通过回复邮件来提问、提供反馈或建议。此外，电子邮件还便于组织和安排会议，如发送会议邀请和议程等。

在沟通企业财务管理模式时，我们还可以借助团队博客和内部社交网络等工具。团队博客能分享和发布财务管理模式的经验和案例，激励员工相互学习和交流。而内部社交网络则能增强员工间的互动和讨论，提升团队协作和沟通效率。

评估沟通成效是保障沟通流畅进行的重要环节。实施定期的沟通成效评估，能够让我们掌握所采用的沟通手段与平台的实际效果，进而迅速调整和优化沟通方案。这种评估工作可以通过开展员工满意度调查、分析沟通文档记录以及观察沟通的最终成果等多种途径来实现。

所以，在企业财务管理模式的交流过程中，选用适当的沟通渠道与工具是极为重要的。无论是面对面的会议、电子邮件的往来、团队博客的分享，还是内部社交网络的互动，都能有力推动信息的流通及员工间的相互沟通。此外，定期地评估沟通效果也是提升沟通效率的关键措施。通过科学运用这些沟通渠道与工具，并持续不断地对沟通方式进行改进和优化，可以确保企业财务管理模式得以顺利推行并有效实施。

（三）沟通效果评估

在探讨企业财务管理模式的沟通过程时，对沟通效果的评估占据着举足轻重的地位。这一步骤能让我们清楚地认识到，沟通是否达到了既定的目标，以及信息是否被准确无误地理解和执行。

首先，评估沟通效果需要明确评估的指标和标准。依据沟通的具

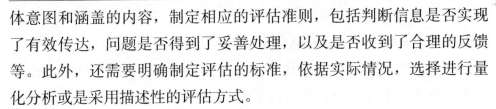

体意图和涵盖的内容，制定相应的评估准则，包括判断信息是否实现了有效传达，问题是否得到了妥善处理，以及是否收到了合理的反馈等。此外，还需要明确制定评估的标准，依据实际情况，选择进行量化分析或是采用描述性的评估方式。

其次，评估沟通效果需要采取合适的方法和工具。为了获取相关的反馈信息，我们可以采用问卷调查、个别访谈及直接观察等多种方法。其中，问卷调查能够帮助我们广泛地收集众多参与者的看法与建议；而个别访谈则能够使我们更深入地了解个别参与者的独特观点和个人体验。另外，直接观察沟通的过程及其结果也是一种有效的评估手段，它可以直接反映出沟通的实际效果。

再者，在评估沟通效果时，还需考虑时间因素。沟通效果的显现可能需要经历一段时间。因此，对沟通效果的评估应当被视为一个持续的过程，不仅要着眼于当下的即时反馈，更要对长远的影响和变化保持关注与评估。

最后，评估沟通效果可以进行数据分析和统计。将收集到的数据进行深入分析与对比后，我们能够提炼出一些有价值的结论，并据此提出改进与优化的建议。比如，通过汇总并分析问卷调查的反馈数据，我们可以得知不同参与者对于沟通效果的具体评价，进而把握他们对于沟通内容的理解程度以及整体的满意度情况。

三、实施

（一）实施计划和流程

在企业财务管理模式的实施阶段，制定并执行具体的计划和流程扮演着举足轻重的角色，它们是支撑企业财务管理模式高效运作的基础。实施计划，即详细规划并安排落实财务管理模式的每一步行动及其时间表；而实施流程，则是对实际操作步骤的标准化规定。

在制订实施计划时，明确总体目标及其细分至关重要。企业财务管理模式所追求的目标，往往聚焦于提升财务绩效、缩减风险及增强决策质量等方面。通过对目标进行细致划分，可以明确每个阶段的具体职责与衡量标准，为实施计划的细化落实提供有力支撑。

在制订实施计划时，资源的分配与任务的划分是需要认真考虑的要素。资源涵盖了人力、物资及资金等多个维度，其合理配置是确保实施环节顺畅进行的关键。至于任务的分配，则关乎具体责任人与责任部门的明确，每个成员都应清楚自己在整个实施流程中的具体职责与工作内容。

而在制定实施流程时，财务管理模式的复杂性与多样性是必须充分考量的因素。鉴于不同企业可能采纳的财务管理模式存在差异，因此，实施流程的制定需依据企业的实际情况量身定制。一个完备的实施流程，应当囊括详尽的操作步骤、明确的岗位职责以及清晰的工作流程，以此来确保每个环节都能得到准确无误地落实。

另外，在实施计划与流程中，沟通与信息共享同样占据着不可忽视的重要位置。在实施计划启动之初，就需要召集相关部门及人员展开深入交流与探讨，确保每位参与者都能深刻认识到整个实施过程的重要意义，并明确自己在其中的职责所在。而在实施流程推进的过程中，还需要构建起一套有效的信息共享机制，确保有关财务管理模式的各类信息与数据能够得到及时地传递与反馈，从而便于我们根据实际情况灵活调整和优化实施策略。

（二）实施监督和控制

在企业财务管理模式的实施过程中，对实施的监督与控制扮演着极其重要的角色。它不仅能够保障财务管理模式得到切实有效的实施，还能够迅速发现并纠正可能存在的问题，进而为企业的财务稳健与长远发展保驾护航。

实施监督和控制需要建立相应的机制和流程。在已有的实施计划与流程框架内，我们需要精心制定一套明确的监督与控制方案，明确每个环节的职责与权限，以保障整个实施流程的顺畅进行。此外，还需搭建起完善的信息反馈体系与沟通平台，以便我们能够实时掌握实施的最新动态与潜在问题，从而为监督与控制工作提供有力的依据与支撑。

实施监督和控制需要明确的指标和标准。为了对实施情况做出准确的量化评价，我们需要设定明确的实施指标与评估标准，以此来确保实施结果能够被有效地追踪与对比。具体来说，我们可以设立诸如财务绩效指标、成本控制指标及风险管理指标等一系列指标，来对实施过程进行严格的监控与评估。此外，我们还可以运用财务分析、对比分析等多种手段，对企业的整体财务状况展开深入而全面的评估。

实施监督和控制需要强调人员的培训和能力提升。企业财务管理模式的实施离不开众多财务人员的参与，他们必须掌握扎实的财务知识与技能，以确保能够准确理解和有效实施财务管理模式。因此，企业应高度重视财务人员的培训与能力提升工作，定期安排培训课程，以增强他们的专业素养与实施效能。

实施监督和控制需要及时反馈信息和解决问题。在实施流程中，我们需要频繁地进行信息的汇总与分析，以便迅速发现实施过程中遇到的挑战与难题。一旦发现问题，应立即制定针对性的解决方案与行动步骤，并持续跟踪实施进展情况，确保问题得到根本性解决。此外，强化团队合作与沟通协作同样至关重要，我们应致力于提升部门间、岗位间的协同效率，为顺畅推进创造有利条件。

（三）实施结果评估

在企业推行财务管理模式的过程中，对实施成果的衡量评估占据着举足轻重的地位。通过这一环节，企业能够直观地掌握财务管理模式的实际效果与成效，进而为后续的优化与改进工作提供有力依据。

首要的评估指标是财务绩效。为了评估财务管理模式的实施效果，企业可以通过对比实施前后的各项财务数据来进行。具体来说，企业可以观察实施前后净利润的增长情况，从而判断该模式是否有助于提升企业的盈利能力。此外，企业还可以对比资产负债表中的总资产与债务比率等指标，以此来评估该模式对企业资产利用效率以及负债风险所产生的影响。同时，通过对现金流量表的仔细分析，企业还能够了解该模式是否有助于改善企业的现金流状况，进而提升企业的偿债能力和经营稳定性。

在评估财务管理模式的实施结果时，除了关注财务绩效外，还需全面考虑其他多种因素，其中员工满意度便是一个不可忽视的重要方面。财务管理模式的落实离不开员工的积极参与和全力配合，因此，他们的意见反馈成为衡量实施效果的重要参考。企业可以通过开展员工满意度调查，深入了解员工在实施该模式过程中的实际体验与感受，并收集他们针对改进工作的宝贵建议。此外，依据员工的绩效表现来评估财务管理模式的实施情况同样具有参考价值，例如，通过对财务部门各岗位的绩效进行评价，以及分析员工的贡献度等，都可以为评估工作提供有力支持。

另外，实施过程中的潜在风险与实际问题也是我们必须予以重视的。对实施结果的评估，不仅仅是对成果的简单总结，更应包含对问题与风险的全面分析。比如，在实施流程中是否暴露了计划与流程上的瑕疵，是否遭遇了未曾预料的挑战与风险。通过对这些问题的深入剖析，我们可以对财务管理模式的实施过程进行深刻的反思，并在此基础上进行优化改进，以期取得更佳的效果。

四、监控

在监控企业财务管理模式的过程中，选择合适的监控指标与监控方法显得尤为重要。监控指标是衡量企业财务健康度与业绩水平的核心依据，而监控方法则是指我们采用何种途径和手段来实施监控与评估工作。

在选择监控指标时，应确保它们与企业的战略目标及财务管理目标保持高度一致。这些指标可涵盖财务稳健性、资本流动性、盈利表现及风险控制等多个维度。例如，财务稳健性可通过审计报告中揭示的财务比率来衡量，资本流动性则可借助资产负债表与现金流量表进行评估，而盈利表现则可通过利润表及 ROE（净资产收益率）等指标来反映。根据企业的独特性以及所属行业的特定要求，我们可以灵活选取不同的监控指标，以全面且准确地反映企业的财务状况。

在选择监控方法时，我们应当秉持灵活多变的原则，确保所选方法能够紧密贴合不同的监控指标与实际需求。在众多监控方法中，定期报告监控、异常指标监控及趋势分析监控是较为常用的几种。定期报告监控，即通过定期编制并审阅财务报表，使企业能够全面把握自身的财务状况与业绩水平。异常指标监控则是预先设定一系列阈值，当相关指标触及或超越这些阈值时，系统将自动触发警报，从而促使企业迅速响应并采取相应措施进行调整。而趋势分析监控，则是通过对一段时间内财务数据的深入分析，对比不同时间点上的数据变化趋势，以此为依据来准确判断企业财务状况的发展动向与未来趋势。

借助信息技术的力量，来加强企业财务管理模式的监控工作。具体来说，可以通过使用财务管理软件，实现财务数据的自动收集与深度分析，同时，还能生成直观的财务报表与监控指标可视化展示。此外，数据挖掘与大数据分析技术也是我们的得力助手，它们能够深入挖掘财务数据背后隐藏的信息与规律，帮助我们进行更为准确的财务风险预警与管理工作。

第三章　网络环境下企业财务会计管理模式的创新

第一节　网络财务会计的发展及其内涵

近些年，随着现代信息科技尤其是互联网技术在会计领域的大规模运用和推广，预示着会计技术已由会计电子化进入会计信息化的时代。会计信息化的主要目的在于把会计与最新的信息科技（尤其指的是互联网技术）相结合，全面推进会计基础原理、技巧、实践操作以及教育的发展，以便建立适应当前企业运营需要的会计信息体系。所以，说到底，会计信息化的根本含义就在于如何实现会计与新一代信息科技的深度融合。作为一个重要的里程碑式转变，会计信息化不仅是对现有会计工具的技术更新，更是对"质"的一次重大改革，它颠覆了传统会计准则，并重新组合了传统的会计理念和策略。基于此情况，那些具有前瞻眼光的人及时地提倡了"网络财务会计"这一新的观念。

一、网络财务会计是网络经济发展的必然产物

国际互联网和企业内部网共同组成了网络这一开放平台，不仅作为信息传播工具，还为企业生产经营提供了新的空间，促进了新型经济组织和经营方式的发展，从而改变了传统的管理和交易方式。

（一）网络为生产经营提供了新的场所

对于企业而言，有效的信息处理是关键，涉及新的科技和商务信

息的收集，并且能把这些科技和信息合理利用起来，从而达到公司的利益最大化。在这个网络化的时代，公司可以借助于全球互联网上网及内联网来不断扩大其业务范围，了解更多的消费者需求，然后从中挑选出最佳的合作伙伴。通过顺畅的客户、企业和供应商之间的信息流，企业能够减少诸多中间步骤，迅速且低成本地进入市场，从而不断提升自身的市场竞争力。

互联网经济的飞速发展孕育出了虚拟公司，他们无须拥有实际店铺、办公室或者硬件设备，只要能在线上租赁场地并且经过验证，就能在网上处理客户订单和寻觅供货商等等。这种新型的企业形式完全打破了以往的经营理念，同时全面改变了过去持续了几千年的买卖方法。

总而言之，在网络经济的大环境下，企业已经融入了全球电子商务链条的一个部分，所有的运营与管理数据都以数字形式被处理，可以对管理的实体及其过程进行信息化操作，而互联网也已经被视为"新的经济竞争领域"。

（二）电子商务是网络经济的重要内容

电子商务是通过数字技术完成的所有商业活动的总称。这包括了四个方面：公司向客户销售的产品和服务；公司的内部贸易往来；个人的买卖行为和竞拍过程。简言之，电商代表了一种新的商业运作方式，它的核心理念依然是"商贸"。根据实际操作结果来看，最成功的电商运用是在公司的经营活动中，例如公司的物流网络、线上虚拟店铺、金融股票交易和个人理财软件等等。

二、网络财务会计系统结构

第一，网络财务会计采用真正意义上的网络系统结构。

这个系统内部是一个与经营管理和各项业务密切相关的内部网络子系统，同时外部处理各种对外业务，为特定目的提供服务，并通过多级连接不同公用系统来整合社会网络体系。

第二，内部财务会计系统将是一个完全网络化的计算机系统。

财务会计体系和各个基础业务有着密切的关系。每个具体的工作岗位（也就是执行任务的电脑设备）会直接录入原始资料，而这些信息则会被立即传递至预设的位置，例如会计系统的核心处理单元。因此，这便构成了一个基于电子实时的、网络化的管控和信息系统。

第三，财务会计系统的对外连接将是财务会计系统结构体系的一个重要方面。

因为许多对外事务、信息收集及经济业务（如网上投资、购物、销售、结算、办税、信息发布及交流等）都在网上进行，所以内部管理控制网络（含财务会计系统）会通过多级连接直接与外部保持联系。

第四，财务会计信息处理的控制中心，也就是财务会计系统的中央处理单元，被部署在了组织内部的计算机网络中。该控制中心通过信息集成处理数据，并通过设定会计频道对外发布和交流信息。其系统结构的优势有四点。

其一，这个系统能把会计流程跟商业运营和管理监控系统融合在一起，从而实现实时的财务会计监管基础交易。

其二，这种系统能够建立起以业务为核心的责任考核机制，同时促进内部信息的快速交流。

其三，该系统强调了中央处理单元（CPU）作为财务会计系统的关键部分的作用，主要职责在于满足内外的信息需要，规划并执行信息整合管理，发布相关信息，涵盖从采集到整理内外部的基本会计数据、做账分析、预估未来趋势、信息发布管理和反馈调控等等。

其四，使用互联网技术来操作财务会计事务，可大大提升财务会计管控的效果，并且扩大其所包含的信息深度和广度。

三、网络时代财务会计基本理论的变更和发展

（一）网络时代的会计假设

会计假设是在对实际业务的基本理念上做出概括，它针对那些无

法直观证实或者很难直接证实的经济活动及财务状况，根据现实情境或是未来趋势作出合理的猜测，这是财务操作的核心基础与制约因素。现有的财务预测模式适用于实体的公司运营场景，然而随着互联网经济的进步，传统的财务管理理论中的核心假设将会被重新审视。

1. 会计主体假设

会计主体假设决定了会计核算的范围。在网络社会，经济活动的网络化和数字化让企业超越了传统界限，进入了虚拟空间，使得会计主体的范围不断变化，涵盖了"实体"与"虚拟"两个层面。例如，全球最大的网上书店亚马逊就是一个虚拟企业，它利用信息技术将多家公司组成网络组织，拥有单个公司难以匹敌的市场能力。这种网络由独立的供应商、制造商、生产商和顾客等组成，各成员基于战略考虑临时合作。这种临时网络不是法律上的完整实体，没有独立法人资格。虚拟企业依靠先进的通信和信息技术，通过合作竞争，灵活多变，在网络中快速组建和解散，导致会计主体多元化、不确定，甚至单一产品或现金流量、负债都能成为报告主体。

因此，网络化经济中的"会计主体"应具备以下特征：第一，它是存在特定的资产和经济行为的实体；第二，它构成了一个独立的体系，能够明确地划定其经济活动与其他主体之间的界线；第三，它掌控着财务资源的管理及运用，可以进行经济计算并对经营成果作出汇报；第四，它配备了专业的团队和先进的技术设备；第五，它能在物理世界和数字世界的交互中实现物资、能源和信息的交流。由此可见，"会计主体"的新定义在于"由社会组织的组合构成，这些组织基于经济利益相互关联，且目标导向的项目合作"。这个概念所涵盖的活动范围不仅仅局限于传统的会计系统的实体机构如公司或企业，也包含那些仅存于互联网上的"网络公司"和"虚拟企业"这类临时的组织形式。

2. 持续经营假设

持续经营的概念是在历史发展过程中逐渐形成的。股份公司的兴起、所有权与经营权的分离、有限责任制的实施以及现代化大规模生产的推进，共同促使持续经营成为一种现实的必要。会计体系不能基于企业经营活动可能突然中断的假设而构建。然而，虚拟企业利用信息技术手段，打破了传统企业间的时间限制，形成了临时性且灵活多变的结盟形式，它们能够迅速组合与解散，展现出高度的动态适应性和随机应变的能力。市场机遇是虚拟企业成立的关键所在，这些机遇往往源于具体项目、产品或服务的合作需要。随着机遇的出现，虚拟企业应运而生，而当机遇消失时，它们也随之解散。在网络化经济环境中，项目清算会计假设扮演着重要角色。为了达成某个或者多个协作计划，会计主体利用互联网高速集结各种在线资源（例如科技、金融、人力资源等等），然后依据顾客的需求来设计、研发、创新、制作、营销、提供售后服务直至最后消费者使用的产品。一旦这些协作任务全部结束，会计主体会对项目的盈利状况进行结算，这时传统的手法如责任发生制、历史成本及跨期的分摊等就不再适用了。这个结合了线上线下商业场景的环境是基于互动式的数字化技术的推动力，而不是依赖于传统的生产元素。其呈现出一种全链条的电商形态，使网上的资源能在网络平台上实现快速流通和有效整合。需要强调的一点是，这里所谓的"结算"概念跟传统的实物空间里的破产清理有根本性的差异。当一项协作任务完工并且已经结算后，虚拟的企业（或是网络公司）将会立刻开始寻求新一轮的投资合作项目。

3. 会计分期假设

因为技术的局限性而导致的信息传递的问题，使会计信息系统在数据处理上耗费了较多时间。所以，传统的会计理论规定要给制作财务报告留下足够多的时间，以人为的方式把公司的连续运营划分为若干个独立且相连的阶段，从而形成了定期的汇报体系。这样的方式有利于公司清楚展示自身的财务状况及营运结果，并能体现出对委托经济责任的责任承担情况。但是，在这个网络经济时代，虚拟组织的联合变得较为松散，他们可以快速组成一种类似于劳动合同式的组织结构，也可以在同样的速度内解除这个组合。面对这样短暂的营业周期，继续采用人工分段的方法已经不再适用。在此情况下，我们可选择"线上实体交易时期"作为会计记录时段，每笔交易完成后就立即生成一份会计报告。这不仅保证了交易记录的准确无误，而且也有效地防止了跨期摊派时的调整问题，并且解决了成本和开支的合理分配问题，大大方便了公司的结算工作。另外，伴随着在线联网实时报告系统的建设，会计资料的采集、整理、分析和公布都在向电子化、网络化的方向转变。这种依赖于全球互联或者企业内的网络的信息处理和报道模式，让各个业务单位可以通过"团队软件"提供的接口平台共同协作，产生的信息会被集中保存在公共的数据库里。作为一个网络组成部分，会计信息系统能实时地连接到数据库并确保各部门间的信息流通，这有助于其发挥出财务报告和管理的作用。特别需要指出的是，因全球互联网与公司内联网相互联接，公司的对外信息用户可随时登录公司官网查阅页面发布的资料。此外，他们在经过防火墙认证之后，可以在得到许可的前提下进入数据库中心检索所需要的数据。如此一来，无论内外部信息的使用者都能及时掌握最前沿的数据，而不再等待财报期的结束。所以，我们有理由认为，传统的会计分期假设应被替换成实时根据需求提供信息的非固定周期交易时间假设。

4. 货币计量假设

货币计量假设主要包括使用货币进行计量、采用唯一币种、保持币值稳定。这一假设在多变的经济环境中要求保持恒定，因此存在应用上的限制。

由于无法排除那些对于经营决策没有价值的信息，"货币计量"使得它们不会出现在财务报告或者汇报里面。在互联网时代下，虚构的企业作为一个概念性的实体存在着，它的主要财产包括人力资源及专利权等知识型资源；然而这种类型的财富并没有被反映到公司的财物清单上，大量的与金钱无关的数据也没有获得足够的重视。网络上的现金流速度加快并且增加了市场的活跃度、利率波动更加剧烈且快速地完成了在线买卖活动后，"稳定的"账户记录规则受到了质疑。同时，电脑科技为我们带来了强有力的算术设备来处理关于"价格变化"的问题并考虑到这个因素的影响力。许多新颖的技术服务商能够供应精准高效的货币控制系统以协助企业准确掌握现金收入及其使用情况。

对于币种唯一性的要求，主要源于消除人工处理过程中的费用约束，并允许多种货币的使用以满足实务需要。比如，我们可以实施两个系统的运作：一个是功能货币，另一个是报告货币，它们会实时按照交易发生的汇率转换成账户金额，这样就消除了在外币报告过程中所面临的选择难题，让报告的信息更具理想性。随着网络经济的发展，货币形式及性质也将产生变化，实体货币会被数码化替代，货币流动转变为由电流和数码携带的货币价值的社会传播。货币逐渐趋向抽象化，现实财富与货币总量的差异将会继续增大，最后可能出现脱离实际资产的全然独立的全球虚拟货币供给体系。一种能和其他货币共存的全新国际型货币可能会在网上出现，这意味着"币种唯一"的规定不再适用。欧元标志着这个趋势的开始，但全球货币统一的主要阻碍来自政治层面的国家主权概念和经济层面上的安全感理念。这是对货币度量假定的一个新发展的体现，未来的电子货币将作为企业的统一度量标准，资金流与信息流的结合，使货币真切地成为思想的产品。

显然，网络经济的崛起与发展对财务会计产生了深远影响，这主要源于信息技术对社会经济环境的变革；同时，信息技术也为财务会计的创新开辟了道路。电子联机实时报告系统的应用，打破了会计基本假设的传统限制。

在任意时间点提供财务报告打破了持续经营和会计分期的传统假设，对于频繁变化的会计主体，只需提供时点报告或非固定交易期间的报告，就能有效弥补其不足。若各部门或大中型企业要共同呈现企业的全面信息，就必须超越单一货币计量的限制。

（二）网络时代的财务会计目标

会计目标，尤其是财务会计目标，随着时代的不断演进而变化。

在 20 世纪七八十年代的美国，会计领域出现了两大主导思潮：一是受托责任学派，二是决策有用学派。

1. 受托责任学派的主要观点及局限性

按照受托责任学派的观点，因为社会的资产，尤其是资金，其所有权与运营权往往分立，这使得负责管理该项资产的管理人员需要对资产所有人阐述并展示他们的行为及其成果。故此，财务会计的核心任务便是为出资方汇报关于资产由他人代管的具体信息。正确地处理这一授权及代理关系，并如实公正地呈现了执行职责的情况后，受托责任学派提出了一些建议：首先，对于会计数据的信息质量来说，应注重它的真实性，保证只有公司真正经历过的经济事件才能成为会计确认的内容；其次，鉴于历史成本不仅具有客观性且易于核实，因而他们提倡持续采用历史成本来衡量价值，这样能更准确地体现出履职的责任状态；最后，在编写会计报表时，考虑到盈利表现是最令投资者关心的部分，因此利润表的制备就显得尤为关键。

在当前经济环境下，尽管受托责任十分普遍，会计上重视反映其履行情况是合理的，但将"确认和解除受托责任"视为会计理论研究的出发点，存在以下不当之处。

第一，受托责任学派高度重视会计系统和制度的全面性与完整性，他们主张，唯有建立起完整的会计体系及规章制度，才有可能保证会计实践过程中的精确度。不过，由于会计系统及其规则涉及内容广泛且复杂，因此对于其完全性的保障这个概念显得有些抽象而含糊不清。一旦在实际操作中遇到问题，就很难准确找出问题的根源，从而导致各种观点纷争不断，难以达成共识。

第二，在处理会计事务时，受托责任学派更倾向于客观性而非相关性，因此主张采用历史成本计量模式。尽管历史成本计量模式有其独特的优点，但会计作为一门服务于经济活动的学科，应当紧跟经济环境的变化而不断调整。如果忽视了市场的动态变化，会计学科就容易陷入僵化，削弱其服务功能。

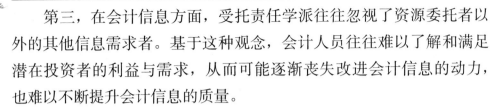

第三，在会计信息方面，受托责任学派往往忽视了资源委托者以外的其他信息需求者。基于这种观念，会计人员往往难以了解和满足潜在投资者的利益与需求，从而可能逐渐丧失改进会计信息的动力，也难以不断提升会计信息的质量。

2. 决策有用学派的主要观点及局限性

美国会计学会在1964年至1966年间发布了《基本会计理论报告》，其中首次提出了一个会计目标的概念框架，该框架将会计信息的使用者、用途、质量要求与经济决策联系起来。该报告明确指出会计的首要具体目标是为"确定关键的决策领域、目的和目标，为有效利用有限资源做出决策"提供有关信息。

到了1978年，美国财务会计准则委员会在其发布的《财务会计概念公告》中，对财务报表的目标进行了更为详尽的说明，主要包括以下三个核心要点：

第一，财务报告应为投资者、债权人等使用者提供有助于做出合理投资、信贷决策的信息；

第二，财务报告应帮助使用者评估收入金额、时间分布及不确定性，涉及销售、偿还证券或借款等方面；

第三，财务报告应展示企业的经济资源、对这些资源的权益要求，以及影响资源和权益变动的交易、事项和情况。

简而言之，决策有用学派坚持的是把财会目标定位为向使用者传递能协助其做出决断的信息，并注重信息的关联度与实践价值。对于账务记录方面，这一观点支持除了认可已发生的事实之外，也应该承认可能产生重大影响力却尚未实现的情况来适应于需要做出判断的需求。关于在如何衡定价格的问题上面，他们的立场是以原始价格作为主要依据的同时，容许根据物品的市场变化采取不同的评估方法。而针对报告的形式问题来看的话，这个观念则更加强调要全方位地提供能够被用于作出选择所需要的数据资料，并且同样看重的不是某一类别的表格，而是所有类型的文件材料都必须予以充分考虑，并不存在特别倾向哪种类型的数据情况出现。

随着网络的广泛应用和普及，传统的财务会计目标内容显然已经跟不上时代的步伐，需要在网络时代进行一系列改进。第一，在会计信息的使用者方面，传统财务会计目标过于侧重现有投资者，这是一个明显的不足。因为随着资本市场的蓬勃发展，企业的股东结构变得日益多元化。这就要求企业不仅要确保现有股东获取信息的便捷性，更要积极面向潜在的投资者，吸引他们的关注，从而扩大企业的资本基础，增强其未来的发展潜力。网络的兴起使得潜在投资者从企业获取信息变得相对容易，他们只需登录公司网站或使用相关搜索引擎，就能轻松查找到所需的信息。而在过去，他们需要找到公司的财务报告和其他重要书面证明资料才能获取这些信息。因此，潜在投资者在网络时代将成为会计信息使用者的一个重要群体。第二，在提供的会计信息方面，网络时代的财务会计目标更倾向于决策有用学派的观点。由于潜在投资者的数量增多，会计信息使用者更加需要那些能为他们提供决策依据的信息，以便决定是否采取某项行动或做出某个决策。

（三）网络时代的财务会计确认问题

世界各国的企业会计核算通常以权责发生制为基准去认定收益及支出的情况，并以此推断出本期产生的盈利或亏损数额，而非依据实质性的资金流入或者支付状况。但是近些年来，全球的商业格局经历了一场巨大的改革，比如新型投资产品的出现，新科技的大量运用等现象都表明我们正在进入一种新的经济发展阶段——知本主义的时代中。这种快速发展的趋势也对我们的财经领域产生了深远的影响并且使其面临一些挑战。尤其是在最近几年里，由于市场变化加快且技术创新不断增加，导致了一些问题开始暴露出来，这些问题的核心就是基于权利发生的制度存在的一些缺陷。

第一，按照权责发生制的准则，企业的收益和成本必须保持一致，以便正确地评估公司的盈利状况。这就意味着财务工作人员需定期对收益和支出进行确认、测量及分配。不过，因为有许多选择性的处理方式，财务工作者在库存估值、成本分担、折旧提取等环节中往往会基于个人观点做出预判，从而使盈亏数据出现较大的波动，最终造成盈亏信息的真实性受到质疑。

第二，传统的基于权责发生制的会计制度更注重对净收益而不是现金流的研究。然而，在这个金融风险日益严重的环境中，现金和它的流动性实际上要超过会计上的利润的重要性。这是因为公司的现金流情况对其存续及发展有着至关重要的影响。即便公司有盈余，如果缺少充足的资金，就不能顺利实施投资策略，从而限制了公司的发展；反之，如若未能按时支付到期的负债，可能会导致公司陷入倒闭的风险。

第三，权责发生制对于达成财务会计的传统目标，即向所有者报告资源管理或经营责任至关重要。然而，随着经济状况的转变，财务会计的主要目标也在不断演变，现已被广泛视作一种传递有价值信息的信息体系。事实上，在做出决定的时候，信息用户更倾向于重视的是未来可能发生的现金流转，而非过去已经产生的收益和损失。不过，仅仅依靠权责发生制来衡量过往的盈亏是不够的，因为它无法适应现实的需求。

第四，权责发生制所计算的损益仅限于经营活动的损益，未涵盖资产持有期间产生的收益，这导致传统损益概念在衡量企业绩效时显得过于局限，也使得企业损益的呈现不够真实。这不仅难以准确评估企业业绩，也不利于信息使用者做出全面、正确的决策。

第五，权责发生制侧重于交易观念，即只涉及那些真正影响公司财务状况的事件与情况，而其他非交易事件则不在此列。这就使得某些已经产生的权益或者责任因为缺少对应的商业活动而在会计体系内不能予以识别。比如，自主创建的企业声誉，由于没有任何相关性的经济交易，始终未能成为会计计算的一部分。此外，近些年出现的衍生金融产品，凭借其高风险性和高收益性给企业带来了巨大的冲击。在持有这类产品时，企业可能会遇到各种风险及收益的不稳定变动，然而根据传统的权责发生制，也就是按照交易活动的出现而确定的标准，这类市场的波动并没有在会计层面得以体现。这种做法明显会使会计数据存在严重的偏差。与此同时，权责发生制的主要焦点在于过去发生的交易事务，忽视了未来的发展趋向，所以它很难符合信息的消费者的需求。

第六，权责发生制被用于计量资产负债表和损益表项目，是因为它能提供衡量企业效率的有用指标，并帮助预测企业未来的活动和利润分配。但在复杂经济环境下，由于权责发生制下的分配程序和历史成本计价存在问题，传统会计方法能否实现这些目标令人质疑。此外，传统方法下的净收益也有缺陷，例如，费用估计不足会导致利润虚高，进而造成企业税负过重、超常利润分配，最终影响后续经营并增加风险。将取得收款权利视为收入实现的标准，会低估坏账风险，使企业承担不必要的税负。而且，仅依赖净利润来预测利润分配存在明显不足，因为利润分配还需考虑企业的现金储备、发展计划和融资能力等多种因素，同时利润计算的主观性也使得这种预测带有很大偏见。

第七，尽管权责发生制会计体系基于历史成本准则，然而该准则现今受到众多质疑和批判，其根基已经不再坚实。这主要表现在四个方面：其一，货币稳定的虚构前提对历史成本定价造成了影响，从而使历史成本与货币波动之间的差距损害了会计信息的一致性和比较性；其二，过于忽视资产真实价值变化的历史成本会计方法，让资产价格数据变得极度虚假；其三，过度重视资产的可证明性，以至于很多重要数据没有被反映出来；其四，由于过去的这种做法，造成了很多重要的财务指标未能在会计报表中得以展示。

第八，权责发生制会计基于会计分期假设。然而，在即将到来的知识经济时代，这一假设正受到强烈冲击，面临巨大挑战。

为了顺应未来社会经济的发展需要，改革权责发生制，采用现金流动制，将是会计发展的必然方向。现金流动制基于收付实现制，并结合资产负债观发展而来。它借鉴盘存制的思想，只确认和处理期初与期末的净资产现金流量，在报告企业效益时，以实际发生或预期可能发生的现金流入或流出为基准，从而真实反映企业所承担的风险与报酬。

第二节　网络化财务会计管理模式的创新发展

随着时代的发展，信息化已成为热门话题，我国也步入了信息化时代。在此背景下，国内企业应灵活利用信息技术，为各项运营活动带来便利。加强会计信息化建设，有助于实现企业财务与管理的统一，为决策者提供合理、准确的信息，增强企业的应变能力和降低风险。这将有效提升企业的财务会计管理能力，使企业在日益激烈的市场竞争中保持竞争力。

当前信息技术的影响力显而易见，已在多个行业得到广泛应用并取得显著成效。在企业的财务管理中，信息化的影响尤为深远，主要体现在以下两方面：首先，在信息化时代背景下，现代企业财务会计管理急需改革和完善，以适应激烈的市场竞争和新的管理要求，解决暴露出的问题；其次，信息技术在财务会计管理中的应用能有效解决以往的问题，通过多种手段满足管理要求，提升管理效果。可以说，信息技术与财务会计管理相互促进，共同发展，因此对其深入研究十分必要。

一、网络化对企业财务会计管理的影响

（一）信息技术对现代企业财务会计管理理论的影响

1.网络环境下企业财务会计管理模式的发展近况

随着信息技术在我国的发展，国内企业已将信息化技术融入商业化运作模式中，广泛应用于财务会计管理的各个领域。例如，财务会计存储正向无纸化转变。如何在网络环境下优化企业财务会计管理模式，成为当前企业亟须关注的问题。

在中国企业实施互联网背景下财务会计管理的进程中，网络协同效果是主要表现形式之一。最大的优势就是能够有效融合并充分使用物料流动性和现金流量。首先，借助网上平台收集相关信息；其次，对所获得的数据资料加以整理分析后，将其转化为可供分享的信息内容，进而大大提高公司的物资流通率及货币周转速度，由此产生明显的线上合作效益，加速业务流程运转并且促进经济活动的发展壮大。此外，在线补充功能也反映出了中国商务部门对于新颖经营方式的需求变化情况。根据资产基本原理来看，一家成功的企业取决于它拥有的独特且有限的物质条件，这使得它们可以制造价格便宜但质量高的产品来满足市场需求，同时实现了高效的使用和开发各种有利条件的可能性。目前中国的电子商务领域内，需要更加重视线上的配合策略，借助于此种方法去优化各个产品的运行状况，进一步增强各方的共用能力和加快推进商贸活动的进步步伐。但是也有一些国内商家在网上进行财政预算控制的过程中常常遇到许多难题。受到诸如资本投入量不足或其他费用过高等问题的困扰时，他们通常会选择采取基于功能性的结构设计方案作为主导思想框架，而这一单调的设计思路却严重阻碍着他们的信息化建设工作进展及其多元化的战略布局在实践操作过程中的顺利展开。因此，企业在实际操作中难以充分利用网络协同效应和互补效应，这导致了稀缺资源的使用率大幅下降，严重影响了公司财务会计管理工作的有效性，对公司的运营与发展产生了许多负面影响。

2. 信息技术对现代企业财务会计管理理论的影响

财务会计管理理论起源于西方，历经多个阶段的发展，现已形成较为完善的理论框架，其核心内容也发生了根本性变化。现代财务会计管理理论主要形成于 20 世纪 50 年代，以相较于传统理论，它尚未构建出完整、统一的框架，仍存在诸多问题待解决。总体而言，财务会计管理理论涵盖财务会计目标、对象和职能等方面。在信息化时代背景下，该理论受到了深远影响，主要体现在以下几个方面。

（1）对财务会计管理目标的影响

通常，财务会计管理目标可分为四种：利润最大化、股份盈余最大化、股东权益最大化、企业价值最大化等。在信息化时代，为实现企业价值最大化，加强财务会计管理至关重要。企业不仅是利益相关者的集合，更是为了长远生存和发展，以及占据更大市场份额而经营。随着信息时代市场竞争的加剧和企业间联系的紧密，电子商务成为众多企业的首选。在此背景下，企业被视为价值链的一环，而非单纯追求自身或个人利益最大化，这对价值链其他环节影响有限，却对现代企业的长远生存和发展影响深远。因此，明确现代企业价值最大化的财务管理目标，才能实现利益相关者的共赢，推动企业长远发展。

（2）对财务会计管理对象的影响

财务会计管理的主要焦点在于对公司的资本及资本流通的管理。所有其他的公司财产都可被视作资金的一种其他表现形式。尽管在信息化的环境下，财务会计管理的核心理念并未发生根本性的变革，但是它的范围却得到了扩大，这主要是通过以下两个方向来实现的：首先是对现金含义的延伸，随着电子商务、虚拟货币等新事物的涌现，使得现金的内容变得更加丰富；其次是在现金交易效率上的提高，如今，互联网已经成为我们生活的一部分，这也导致了现金与非实体资产的交易频率增加，但也随之带来了更高的安全隐患。所以，为了保护公司的资产不受这些潜在的风险影响，必须强化财务会计管理。

（3）对财务会计管理职能的影响

信息技术自诞生以来就备受国内外专家学者的瞩目，它作为互联网衍生出来的先进技术，对社会进步和时代发展产生了深远影响。在企业财务会计管理中应用信息技术，能有效强化其职能，特别是现代企业的财务决策和控制职能。财务决策职能涉及根据企业经营管理环境制定目标、选择方法和方案，包括投资、筹资和收益三方面内容。在信息时代，财务决策面临严峻挑战，承担较大财务风险。企业战略决策主要依赖财务信息，并需要信息技术支持，以实现从感性决策向科学决策的转变。财务控制则是在重大决策过程中，通过对比分析，及时完善问题，强化控制职能，确保财务会计管理活动在严格管控下进行，保障财务信息质量。

此外，信息技术在现代企业财务会计管理中的普及，让财务会计管理职能得到了拓展，如财务协调与沟通职能。在信息化时代，企业决策需考虑内部各部门需要及对企业未来的影响，涉及多部门职责，单独的财务决策难以满足经营管理需求。因此，现代企业需在内部财务会计管理中采取有效措施，协调各部门间的沟通与交流，确保财务会计管理职能得以充分发挥。

（二）信息技术对企业财务会计管理方法学的影响

20 世纪 70 年代，系统工程思想和方法论传入我国，经过数十年发展，已奠定坚实的理论基础。系统论专注于研究系统的特征和规律，强调从全局视角分析系统与各部分间的关系。财务会计管理作为辅助决策的系统，需根据实际情况选择适当的财务预测、决策和分析方法。然而，过去财务会计管理研究曾一度侧重于单一指标的决策模型，导致方向偏离。传统方法强调财务会计管理的独立性，企业决策常显偶然。在信息时代，现代企业应依据系统论观点开展财务会计活动，进行决策和控制，避免偏重某一决策，而应从整体出发，追求全局优化。

（三）信息技术对企业财务会计管理实务的影响

1.对财务会计管理内容的影响

现代化企业经营中，理财活动的主要任务涵盖投资、融资及盈利行为，这同样构成了财务管理的核心理念。然而，在数字化背景下，尽管这些任务仍然重要，其内涵却有了新的拓展。首先，公司通过运用信息科技构建出多条价值网络，而非仅作为其中唯一的中心点，因此，他们的管理策略更加关注全局效益。其次，随着信息科技的进步，管理的内容也随之增加，例如预算便是其中之一。最后，信息的普及与分享使得企业的各方利益攸关者之间的联系更为密切，进一步扩大了财务管理的范畴。

2. 对财务会计决策过程的影响

在现代财务会计决策中，企业需要搜集信息、规划和执行任务，并且对其效果做出评价。然而，在这个数字化时代，这个程序已经有了巨大的转变。首先，获取信息的行动不仅仅局限于简单的数据采集，更是要在深度研究各个可能的影响因子后，去衡量潜在的风险。为了有效地评估风险，我们必须深入了解决策目标所面临的风险，全面考虑到所有相关因素，明确可以达到的目标，合理分配资源，借助信息化工具从海量的数据中提取重要信息。其次，传统的计划阶段也不再仅仅是挑选解决方案，而是使用信息科技来创建财务会计管理的数字模型，以此满足管理活动的需要。最后，运用信息化手段优化选定方案，能够充分利用电脑的能力，使得财务会计决策更具现实性和实用性。

（四）信息技术对企业财务会计管理工具的影响

运用信息技术于当代公司财务会计的管理过程中可以显著提高电脑的数值处理效率，并能够进行繁复的数字运算与解析，从而协助管理的实施。数据仓库技术的引入颠覆了传统的决策方式，它以获取有关决策的相关资料为基础，促进了财务会计管理工作的高效运行，进而提高了其决策的效果。另外，对于当今公司的财务会计管理而言，网络的环境是至关重要的，因为网络环境直接关系到管理工作的成果。现有的方法已经不能满足当前的需要，因此必须利用信息技术，借助网络环境来达到最优的财务会计决策。

在全球一体化加剧的今天，市场竞争愈发激烈。为长远发展并占据更大市场份额，现代企业必须加强财务会计管理。利用信息化技术和互联网，能有效降低管理风险，提升财务工作成效。此外，信息技术还能处理复杂、庞大的数据，为财务会计决策提供有力支持，提高管理效果。因此，在激烈的市场竞争中，为长远发展并降低财务风险，现代企业必然选择应用信息化技术，这对企业的未来生存、发展及提升市场竞争力有着深远影响。

二、网络环境下企业财务会计管理模式存在的不足与创新措施

（一）网络环境下企业财务会计管理模式存在的不足

网络为财务会计管理带来了便利，但也带来了不少问题，使企业在该领域仍面临诸多挑战。

1. 部门防范能力与意识较弱

会计信息的安全对企业经营方向至关重要。我国部分企业财务会计管理的监管和风险防范能力较弱，安全意识不足，导致会计人员在网络技术应用和研究中常出现问题。企业难以有效应对突发事件，降低了财务会计管理工作的规范性和可靠性。

2. 职员实践性较差

在网络环境下，国内许多企业过于重视网络技术研发，导致财务会计管理的可靠性和时效性下降。此外，部分企业未能高效利用财务信息资源，使得财务会计管理实践缺乏数据支持，对管理工作造成较大影响。

3. 工作可行性和实效性较低

目前，我国财务会计管理主要关注资金管理，许多企业仍采用传统方式，导致管理实效性降低，尤其在网络环境快速发展的今天，严重影响了企业的运营和发展。财务会计管理未能与时俱进，大大削弱了财务管理的可行性，对企业的生产和运营发展不利。

（二）企业财务会计管理模式在网络环境中创新的具体措施

1. 提高企业财务会计的安全防范能力

财务会计网络化的发展带来了新风险和新挑战。为促进企业运营和发展，管理部门需提升安全防范能力，将网络安全防范作为财务会计管理的重点。同时，企业应严格要求财务会计人员，让他们备份重

要数据，将纸质文件转为信息化数据文件并保密存储，定期设置防护系统，减少安全风险对财务会计管理的影响。

2. 积极创新企业财务会计的管理方法

财务会计网络化的发展让我国企业内部控制更加多样化且复杂。因此，企业在运营中应创新财务会计管理方法，实现财务会计信息化，以促进发展。实践中，技术部门应加强网络技术和计算机技术的研发，整合财务预测、经济模拟、风险决策等系统，建立完整的计算机管理制度。在构建信息化评估指标时，要纳入知识资产转化率、资产盈利率等关键数据，形成综合评估体系。改进财务信息资源时，应综合运用网络管理、财务再造、柔性管理等方法，针对不同问题优化处理，提高资源使用效率，推动企业整体运营和发展。

3. 充分提升企业财务会计的管理水平

针对我国部分企业财务会计管理效率低下的问题，提高财务会计管理水平对企业的运营和发展至关重要。为了达成这一目标，企业管理层需首先在企业内构建一个良好的管理氛围，并充分利用网络信息技术的优势，大力强化企业的跨级财务审核流程，以保障企业在运营过程中能够获取充分的利润。另外，企业管理层还需对内部控制环境实施多方面的优化与调整，制定一套全新的财务项目管理规定，并定期对企业内部的各项业务活动进行审计检查，以确保审计工作得以顺利且有效地进行，从而推动企业财务会计管理工作的不断优化与升级。

随着我国信息化网络技术的广泛应用，虽然提升了财务管理的效率，但也引发了不少问题。因此，国内企业在运营中必须加强财务会计管理，通过改进和创新，让财务会计管理模式更有效地应对风险，确保企业在网络环境下健康发展。

第四章　现代企业人力资源管理

第一节　企业人力资源管理概述

一、人力资源管理的基本概念

（一）人力资源的含义

著名管理学家彼得·德鲁克在其 1954 年的著作《管理实践》中首次提出了"人力资源"这一概念，他强调，与其他资源不同的是，人力资源的核心是"人"，是企业必须重视的一种特殊资产。众多学者也从不同视角对人力资源给出了各自的解读。从本质上来讲，人力资源被视为一种独特资源进行深入探讨。普遍认为，人力资源由两大板块构成：一是当前可用的人力资源，这部分主要由除去因残疾永久丧失劳动能力的劳动适龄人口以及部分具备劳动能力的老年人口构成，既包含正在使用的人力资源，也涵盖暂时未被利用的人力资源；二是潜在的人力资源，即目前尚不能使用但未来有望利用的人力资源，主要由未成年人构成。

（二）人力资源管理的概念及功能

1.人力资源管理的概念

人力资源管理这一企业功能性管理活动的概念，最初由社会学家怀特·巴克在其 1958 年的著作《人力资源功能》中引入，该书首次将人力资源管理视为管理的一项基本职能进行阐述。美国知名人力资源管理专家雷蒙德·A·诺伊，在其著作《人力资源管理：赢得竞争优势》中，将人力资源管理定义为一系列政策、管理实践和制度，它们共同影响着雇员的行为、态度和业绩。佳里·德斯勒在《人力资源管理》一书中说明，人力资源管理旨在掌握那些处理管理工作中与人或人事相关任务所需的概念和技术。我国台湾的人力资源管理专家黄英忠则认为，人力资源管理是确保、开发、维持和利用组织所有人力资源，以及为此进行规划、执行和管理的过程。而在国内，学者普遍将人力资源管理定义为对人力资源这一特殊资源进行高效开发、合理利用和科学管理的活动。

综上所述，人力资源管理是为了实现组织和个人发展目标，对组织的人力资源进行有效开发、合理利用和科学管理的过程。

2. 人力资源管理的功能

人力资源管理的功能即其作用，主要体现在吸纳、激励、开发和维持这四个主要方面。

（1）吸纳功能是企业吸引并招募优秀人才的基础环节，它为其他功能的实现创造了前提条件。

（2）激励功能的核心在于促使员工在岗位上创造出优异的业绩，它是其他功能追求的最终目标。若无法激励员工创造佳绩，其他功能的实现便失去了意义。

（3）开发功能旨在确保员工具备满足当前及未来工作需求的知识和技能，它是实现激励功能的必要手段。只有员工掌握了相应技能，激励功能才能得以有效发挥。

（4）维持功能则是确保已入职员工继续留在企业的保障，它使得开发和激励功能有了稳定的对象，从而确保其作用的持久性。

3. 人力资源管理的目标和任务

人力资源是最珍贵的资源，所以人力资源管理是现代管理的重中之重，其管理水平的高低对企业发展、地区及国家经济繁荣、国家兴盛都至关重要。人力资源管理的目标和任务具体为以下几方面。

（1）充分调动员工的积极性

人力资源管理的首要目标就是激发员工的积极性，确保人员与岗位匹配，充分发挥每个人的才能，以实现最大的价值。

按照价值工程原理，价值 V 是功能 F 与成本 C 的比值，即 $V=F/C$。要想最大化价值 V，有以下四种途径：一是保持成本 C 不变，提升功能 F；二是保持功能 F 不变，降低成本 C；三是功能 F 有所提升，同时成本 C 也相应增加，但功能提升幅度要大于成本增加幅度；四是既提升功能 F 又降低成本 C，这是最理想的状态，即实现高价值、强功能与低成本。人力资源管理的核心目标正是如此，旨在使用价值最大化，并最大限度地发挥人的有效技能。

（2）发挥最大的主观能动性

员工的主观能动性受多种因素影响，对企业员工而言，主要受企业价值观和激励因素两方面的影响。人力资源管理的核心目标是塑造企业正面的价值观，并设计有效的激励制度，因为这些因素不断影响着员工能动性的展现。

（3）人力资源管理在企业管理中的地位

人力资源管理是企业管理的核心，关乎现代企业的生存与发展，决定企业的兴衰。因为企业的生产、供销、财务、物资管理等各个环节都离不开人的参与。机器需工人操作，原材料需供销人员采购，产品销售也离不开销售人员的努力。只有做好人力资源管理，企业才能正常运转。但仅仅维持运转是不够的，企业还需在市场竞争中获胜，而人力资源管理正是提升企业核心竞争力，赢得竞争优势的重要途径。

（三）人力资源管理的基本原理

基于人力资源管理的理论基础，并通过长期的实践探索，学者们总结出了人力资源管理的六个基本原理。

1.同素异构原理

同素异构原理揭示了一个现象：当事物的组成元素以不同的顺序和结构组合时，会导致不同的结果，甚至引发根本性的变化。从系统论的角度来看，组织结构能使人力资源整合为一个协调的整体，从而发挥出整体功能远超各部分功能简单相加的优势。这就是人力资源系统通过组织、协调、运行和控制，实现最优整体绩效的理论。该原理的要点包括：首先，整体的功能必须大于各部分功能的简单相加；其次，整体功能要在所有可能的大于部分之和的值中选取最优，系统内部各元素需和谐共处、协同合作，形成积极向上的合力；最后，系统内部的损耗需降至最低。这一原理强调，在人力资源管理中，要使团队的整体效能达到最优，这是人力资源管理的核心原理。

2. 能位匹配原理

能位匹配原理是指根据个人的不同能力，将其安排在组织内适合的位置，赋予相应的权力和责任，实现能力与职位相匹配。其核心在于：认可人的能力存在差异；能力不同的人应获得与其能力相匹配的管理层次和权力；人的能力和职位都不是一成不变的；能力与职位的匹配程度反映了社会进步和人才使用的变化。这一原理要求在人力资源管理中，能力要与职位、权力相匹配，并承担相应的责任。

3. 互补优化原理

在人力资源系统中，每个个体在能力、性格、观点等方面各不相同且相互补充。作为整体，系统可以通过个体的互补来形成整体优势，进而实现组织目标，这就是互补优化原理。互补的内容涵盖知识、能力、气质、年龄、性别、关系等方面。该原理的关键在于，优化的标准是 1+1 等于甚至大于 2，等于 2 表示没有优化，小于 2 则表示发生了内耗减值。这一理论告诉我们，在目标一致的前提下，善用互补优化原理，可以取得更高效的成果。

4. 动态适应原理

动态适应原理指的是随着时间推移，员工的个人情况（如年龄、知识、身体状况）、组织结构及外部环境都会变化，人力资源管理需随之调整以适应这些变化。人与工作的匹配是相对的，不匹配是绝对的，适应过程是在不断变化中实现的。因此，企业应实施动态人力资源管理，包括调整人员配置、岗位变动、弹性工作时间、培养员工的多技能以适应岗位变动，以及进行动态优化组合，以实现组织和人员的最佳配置。

5. 激励强化原理

激励强化原理就是通过满足员工的精神或物质需求，增强他们努力工作的动力，激发他们的潜能，使他们能最大程度地发挥主观能动性，进而实现组织的目标。

6. 公平竞争原理

公平竞争原理是指在竞争中，所有参与者都遵循相同的规则，公正地进行考核、选拔、晋升和奖惩。为了让竞争机制发挥积极作用，企业需满足三个条件：首先，竞争必须公平，管理者应严格执行规定，不偏不倚，为员工提供必要的支持和激励；其次，竞争应有度，缺乏竞争或竞争不足会导致企业缺乏活力，而竞争过度则可能引发人际关系紧张，破坏团队协作，甚至产生内部消耗，削弱组织凝聚力，因此管理者需准确把握竞争的度；最后，竞争应以组织目标为导向，管理者应引导员工将个人目标与组织目标相结合，当两者冲突时，应以组织目标为重，不得因个人利益而损害组织整体利益。

二、人力资源管理的基础工作——职位分析

（一）职位分析的概念

职位是企业在特定时间内赋予员工的特定任务和责任，是组织的基本构成单元。组织的战略和目标最终都要通过职位的职能来实现。职位分析是人力资源管理的基础和核心，它涉及人力资源管理者对企业内各职位的定位、目标、内容、职责、关系、业绩标准、人员要求等关键信息的系统收集、分析和确定，最终形成职位说明书。

（二）职位分析需要收集的信息

职位分析主要收集三类信息：工作外部环境、工作内容本身及任

职者的相关信息。

在进行职位分析时，人力资源管理者有时会忽视"信息收集的广度"，只关注工作与任职者的信息，而忽略了工作的外部环境信息。然而，这些外部信息是职位存在的背景，对于全面理解职位、判断其目的、职责和任务等方面至关重要，不应被忽略。

（三）职位说明书

职位分析通过搜集和分析信息，最终会形成职位说明书。这份说明书主要包括职位描述和任职资格两大核心内容。

职位描述涵盖工作标识、概要、范围、职责、权限、业绩标准和工作关系等；任职资格则包括学历、经验、技能、基本素质和能力等。这两部分不是简单堆砌，而是基于内在逻辑构成的一个完整体系。

第二节　企业人力资源的招聘与选拔

一、人力资源招聘

（一）招聘的含义

招聘是企业根据自身需要和发展规划，遵循市场规则，通过不同渠道发布招聘信息，按标准招募所需人才的过程。它是企业获取人力资源的关键，招聘质量对企业至关重要。企业需招聘的情况包括：新成立、业务扩张导致人手不足、人员变动造成的职位空缺，以及调整人员结构时补充短缺人才。

（二）招聘的原则

企业在招聘人力资源时，应遵循以下主要原则。

1.因事择人

企业应按人力资源规划招聘，否则易导致人员过剩或错配，增加成本，降低效率，影响整体效益。

2. 公开招聘

企业应公开所有招聘信息和方法，接受社会监督，避免不正之风，同时吸引更多优秀人才，助力企业招募一流人才。

3. 公平竞争

企业应公平对待所有应聘者，避免设置不平等限制，杜绝腐败现象，确保仅凭能力和条件竞争，为人才提供平等机会。

4. 择优录取

企业应根据应聘者的考核和测试结果，选拔录用优秀人才。择优录取关乎招聘质量，故需制定严格的招聘制度，规范人力资源管理部门及招聘主管的行为。

（三）招聘的途径

人力资源招聘分为内部和外部两种。内部招聘是让内部员工填补空缺，如提升、调动、轮换等；外部招聘则是吸引社会人才，途径多样，如媒体、网络、校园、猎头等。选择哪种方式，取决于人才市场、职位性质、层次、企业规模等因素。

二、人力资源选拔

人力资源选拔是企业通过评估、比较应聘者特征，选择合适人才的过程。这一过程有助于构建合理的人才结构，实现人与事的最佳匹配，推动企业目标达成。

（一）人力资源选拔的客观标准和依据

企业进行人才选拔时，主要考量应聘者以下三方面的特征。

1. 基本的生理特征和社会特征

性别、年龄、户籍等基本信息虽重要，但不应成为决定录用的关键。

2. 知识和技能方面的特征

学历、专业背景、工作经验、培训经历、资格证书及计算机技能等"硬件"条件是重点考虑因素。

3. 心理及其他特征

人格魅力、兴趣爱好、情商、道德品质及逆境应对能力等"软件"素质，也是企业重视的，因为拥有这些优秀"软件"的员工是企业成功的重要因素。

（二）人力资源选拔的方法

在招聘过程中，企业会采用多样化的手段来获取应聘者的相关信息，而这些信息收集手段直接关系到所采取的人员选拔方式。在选择具体的选拔方法时，企业需全面考量，既要分析信息收集的成功概率、种类及数量，也要评估所采用的选拔方法的效果如何。

1. 申请表

申请表是企业初步筛选的工具，用于收集应聘者的背景信息，包括过往及现在的工作与学习经历、培训情况及职业兴趣等，以评估其是否符合岗位要求。

2. 笔试

笔试是人力资源选拔中常用且基础的方法，用于评估应聘者的知识水平和综合能力，如基础知识、专业知识、管理技能、分析及文字表达能力等。如今，越来越多企业在笔试中融入情商、逆商和道德品质的测试，这反映了企业对员工全面发展的高度重视。

3. 管理评价中心技术

管理评价中心技术是近年来兴起的一种选拔高级人才和专业人才的方法，它通过模拟工作场景来观察和评价应聘者的特定行为。测试人员根据职位要求设计不同场景，让应聘者参与，并依据其实际表现作为选拔依据。

4. 面试

企业在选拔人才时，面试是最常用且不可或缺的手段，调查显示，大多数企业都采用了这一方法。面试依据其结构化程度，可以分为两类：结构化面试和非结构化面试。结构化面试的问题和答案都是预先

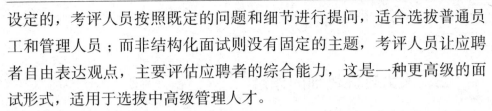

设定的，考评人员按照既定的问题和细节进行提问，适合选拔普通员工和管理人员；而非结构化面试则没有固定的主题，考评人员让应聘者自由表达观点，主要评估应聘者的综合能力，这是一种更高级的面试形式，适用于选拔中高级管理人才。

除了前面提到的四种方式，企业还常采用多种测试来选拔应聘者，包括体能测试、性格测试、智商测试、职业倾向测试及心理测试等。这些选拔方法在衡量应聘者的知识、技能、能力、个性、兴趣及偏好方面各有优势与局限。因此，企业应综合使用这些方法，并通过合理的组织和设计来提升测试的可靠性和有效性，从而确保人力资源选拔的高质量。

第三节　企业人力资源的培训

一、人力资源培训的内涵

人力资源培训是企业为了实现自身目标并促进员工发展，有计划地组织学习活动，旨在改善员工态度、提升技能、激发创造力，确保员工能胜任工作。其内涵主要包括以下四个方面：

（1）人力资源培训主要由企业负责组织和实施。员工自学等活动虽能提升技能、激发潜能，但若非企业主导，则不属于培训范畴。

（2）人力资源培训面向企业全体员工，而非仅限于部分人。这并不意味着每次培训都需全员参与，而是指企业应确保所有员工都有机会纳入培训体系。

（3）人力资源培训涵盖了与员工工作紧密相关的各个方面，不仅限于业务知识和工作技能等实质性内容的"硬件"培训，还涵盖了工作态度和企业文化等精神层面的"软件"培训，两者相互补充，同等重要。这里的"工作"既指员工当前职责，也包含了其未来可能承担的任务。

（4）人力资源培训旨在通过优化员工的工作态度、提升其专业技能并激发其创新潜能，来增强员工的工作表现，进而推动企业实现自身的发展目标。

二、人力资源培训的作用

人力资源培训的作用主要可归纳为以下三点：

（一）实现企业的发展目标

现代企业管理已将培训视为主要职能。有效的员工培训能提升员工素质，使其更好地适应现代生产，丰富企业文化，满足职位要求，提高工作绩效，确保企业发展目标达成。

（二）实现员工的自我价值

每位员工加入企业都怀揣着不同的期望，比如学习新技能、获得高薪待遇或实现个人志趣等。企业的人力资源培训能够提升员工的职业能力，拓宽其职业道路，增强适应力，直接或间接地满足员工追求自我价值实现的需求。

（三）实现人力资本内涵式的扩张

在现代企业中，人力资源管理视员工为宝贵资源，对员工进行投资被视为极具潜力和高效的投资途径。这种投资转化为知识资本或智力资本，促进了企业人力资本的内涵式增长，提高了用人成本效益，增加了人力资本积累，并激发了员工的潜能，使得企业劳动生产率大幅提升，增强了企业的竞争优势。

三、人力资源培训的原则

企业战略作为企业经营的最高指导原则，对各项工作都具有引领作用。作为人力资源管理体系的重要一环，培训活动必须与企业战略保持一致。实施人力资源培训时，需立足于企业战略的高度，不可与企业战略脱节。这意味着培训工作不仅要解决当前的问题，更要具备长远眼光，从未来发展的视角来设计培训内容，以确保培训工作能够积极主动，而非仅仅作为应对突发问题的临时措施。为确保人力资源培训活动取得良好效果，企业应遵循以下原则。

（一）投入产出原则

企业作为追求经济效益的经济实体，在进行任何活动时都会注重投入与产出的比例，力求以最小的成本实现最大的收益。因此，企业在开展人力资源培训时，同样需遵循投入产出原则。这意味着在既定的预算内，企业应追求培训效果的最大化；或者在培训效果相当的情况下，力求降低培训成本至最低。

（二）差异性原则

企业人力资源培训与学校教育不同，它在注重普遍性的同时，更强调个体差异，主要体现在以下两方面：

1. 员工的差异性

人力资源培训针对的是全体员工，但并非一概而论。为了提高培训效益，培训需有重点。依据"二八原理"，企业中 20% 的关键员工创造了 80% 的价值，因此培训应重点针对这些关键岗位，特别是中高层管理人员和技术人员。

2. 内容的差异性

人力资源培训需依据员工的实际能力和职位需求定制内容，实现个性化培训，并将培训与实际工作相结合，确保培训准确有效。这样做能提升员工业绩，进而增强企业经营效率。若忽视这些要素，培训将变得徒劳无功，浪费资源。

（三）激励原则

不少企业在人力资源培训上仅聚焦于提升员工素质，却未涉及录用、晋升及工作安排等关键环节，这在一定程度上挫伤了员工参与培训的积极性。为了激发员工的积极性和主动性，应贯彻激励原则。这一原则需贯穿培训始终：培训前，通过宣传教育激发员工的学习信心；培训中，及时反馈以维持员工的学习热情；培训后，进行考核，并将考核结果与晋升、奖励挂钩，对不合格者实施惩罚，以此增加员工参与培训的动力和压力。

（四）知识技能培训和企业文化培训兼顾的原则

企业进行人力资源培训时，需根据员工能力和岗位需求进行知识技能培训，同时加强理想、信念、价值观、道德观等方面的教育。这些教育应与企业目标、经营哲学、文化、制度及传统相结合，以增强企业凝聚力。

四、人力资源培训的方法

人力资源培训方法多样，内容丰富。在实际工作中，应根据方法特点和企业需要，合理选择应用。

（一）在职培训

在职培训指的是上级在工作中有计划地对员工进行教育培训，旨在让员工掌握完成工作所需的知识、技能和态度。这种培训方式的特点在于员工无须离岗，可以在从事本职工作的同时进行，充分利用现有资源，无须额外购置场所和设备。然而，它可能缺乏良好的组织，如技术培训中，机器设备和工作场所的使用可能受限。在职培训主要包括以下几种方法：

1. 工作轮换

工作轮换是让员工亲身体验企业各部门的具体工作，以全面了解工作流程并积累实践经验。对企业而言，这是评估员工能力和发现其优缺点的有效手段，有助于合理安排工作；对员工来说，这能增加知识和技能，激发工作兴趣，找到更适合自己的岗位，并促进同事间的交流。实施时需有详尽计划，各部门应热情指导轮岗员工。

2. 学徒培训

学徒培训是员工在主管的长期督导下，通过不断地实际操作和学习来提升技术水平。主管会根据员工的学习情况给出评价和建议，使员工受益。这种方法能帮助员工快速适应工作要求，同时让主管及时了解培训进度。

（二）非在职培训

非在职培训指的是员工在特定培训场所接受与工作职责相关的知识、技能、态度和价值观培训。主要方法有以下几种。

1. 角色扮演法

角色扮演法是由培训者设定特定情境，让员工在模拟的工作环境中，根据他们的实际职责，模拟处理各项事务。这种培训方法在大企业中广泛应用，为员工和企业提供了宝贵的学习机会。其主要优势在于：一是能帮助员工迅速熟悉工作环境，了解业务内容，掌握必要技能，以更快适应实际工作；二是能够促使员工交流学习心得，同时在交流中增进人际关系和合作精神，还能锻炼和检验员工的沟通能力及外在表现。

这种方法的要点在于要消除受训者的心理障碍，让他们认识到角色扮演的重要性，缓解心理压力。角色扮演法主要用于新员工培训、岗位轮换和职位晋升，旨在帮助员工快速适应新岗位和新环境。

2. 案例教学法

案例教学法是培训者根据培训需求，向员工展示真实事件背景材料，引导员工分析问题、提出解决方案，并比较选择最优方案，以此提升员工分析和解决问题的能力。

在人力资源培训中，案例教学法越来越受欢迎，原因如下：一方面，在案例教学中，培训者不仅传授知识，还积极参与讨论，而员工也不只是被动听讲，他们同样可以参与讨论、分析和表达观点，这种模式能让双方都有所收获和提升；另一方面，案例教学注重实践操作，能有效提升员工素质和能力，并培养员工的创新意识和独立思考精神。

使用这种方法培训时，培训者需提前充分准备案例，并深入了解受训员工，明确培养目标，收集相关案例。它主要适用于中层及以上管理人员，旨在提升他们的决策、分析、创造和应变能力。

3. 讲授法

讲授法是教师在特定场所传授知识、概念和原理的教学方法。它可以在企业内部由主管或专人进行，也可以借助外部专业机构或高校资源；既可以是短期培训，也能是长期培训。

此法的优势在于经济实惠，能一次性向多人传授大量知识。然而，它也存在单调乏味的问题，员工参与度不高，学习较为被动。

（三）运用新技术的培训方法

随着信息技术在现代社会的广泛应用，新的培训方法层出不穷，被众多企业采纳并取得显著成效。

1. 网上培训

网上培训是利用网络和计算机技术进行的培训，通过单机、局域网、互联网或手机网络提供的互动平台，无须面对面授课即可完成培训。

知识天地公司是国内较早推广网上培训的专业机构，其公布的数据显示，网上培训相较于传统讲授法具有显著优势。具体而言，员工通过网上学习新知识所需时间仅为传统方式的40%，记忆保持力提高了25%至60%，接受的新信息量增加了56%，同时培训时间减少了30%。更重要的是，网上培训能够降低培训者素质对培训效果的影响，减少了面对面授课中难以避免的知识传授偏差。

2. 虚拟培训

虚拟培训法借助虚拟现实技术创造出一个实时的、包含三维信息的人工虚拟环境。员工通过使用特定设备，能够感知并响应这个环境中的各种感官刺激，进而沉浸其中。通过操控多种交互设备，员工可以与虚拟环境及其中的物体进行互动，从而提升自身的知识和技能。

（四）人力资源培训的工作流程

加强人力资源培训能协调员工个人发展与企业目标，满足员工发展需要，激发工作热情，提升企业凝聚力和竞争力。因此，应构建有效的培训体系。人力资源培训一般包括培训需求分析、培训计划的制订和实施、培训评估三个步骤。

培训需求分析是培训工作的起点，它决定了培训的方向和质量。企业之所以需要培训，是因为当前或未来可能面临的问题，这些问题构成了培训需求的"触发点"。例如，新员工入职、职位调整、客户需求变化、新技术引进、新产品生产、绩效不佳或组织未来发展等，都可能导致培训需求。早在 1961 年，麦吉和塞耶就指出，企业培训需求分析主要包括三个层面：企业层面的分析；任务层面的分析（也称为工作分析）；人员层面的分析。

企业层面分析能了解培训资源和管理层的支持情况；任务层面分析能确定主要任务及所需的知识、技能和行为，以助员工完成任务；人员层面分析能识别培训对象，找出绩效不佳的原因，并为员工接受培训做好准备。企业常通过培训需求分析来设定培训目标。

五、培训计划的制订和实施

制订培训计划，首先要根据企业短、中、长期发展目标预测员工培训需求，然后设计培训活动方案。培训计划是培训流程的开端，需一开始就赢得员工及其主管的支持与认可，并由他们承担培训效果转化的责任。企业培训中心则负责提供基于人力资源开发目标的培训平台与资源，最终惠及员工和企业。因此，在制订培训计划时，应以人力资源部门及其他主管提供的信息为基础，培训中心需将这些信息转化为可操作的培训语言，并汇总成培训计划表。

培训计划制订完成后，就需要按计划实施和管理。首要步骤是编写培训教材，并聘请合适的培训人员。

培训工作的顺利开展离不开企业高层、人力资源部门、业务部门、培训专家及员工的共同努力。高层领导需给予政策、方向和支持，培训部门提供资源、方法和制度，管理者积极推动，培训人员有效组织，员工积极参与，这样才能真正提升培训效果。

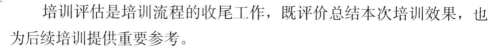

培训评估是培训流程的收尾工作，既评价总结本次培训效果，也为后续培训提供重要参考。

进行评估时，应遵循以下原则：

（1）过程评估与结果评估相结合。培训评估并非仅仅局限于收集反馈和衡量成果，其核心价值在于验证和促进培训目标的实现。因此，评估应贯穿整个培训流程，从培训需求的初步分析、计划的制订，一直到培训活动的结束，都需要进行评估工作。

（2）评估方法与培训目标相适应。评估方法主要包括访谈、问卷调查、直接观察和档案记录等，评估小组应根据培训的目标和内容来选择合适的评估方法。

（3）全员评估。在培训工作流程中，每位参与者都对评估过程和结果负有责任。培训管理者需对整个评估环节负责，员工则需对培训应达成的成果负责，而各级直线管理者则需参与评估的各个阶段，为培训效果的实践应用提供支持。

第四节　绩效管理与薪酬管理

一、绩效管理

绩效考核在人力资源管理的各个方面都发挥着重要作用，它既是管理工具，也是人事决策的依据，并且为改进人力资源管理系统提供依据。绩效考核并非孤立存在，而是绩效管理过程中的一个环节，因此，绩效考核前的所有管理工作都会对最终考核结果产生重要影响。

（一）绩效、绩效管理与绩效考核的概念

绩效，即员工的工作表现和成果，涵盖了企业中所有岗位上员工所达成的工作进展和业务完成情况。它不仅指业务人员通过经济指标可衡量的业务量，还包括无法用经济指标衡量的部分，如员工优质服务为公司赢得的良好声誉和社会效应。

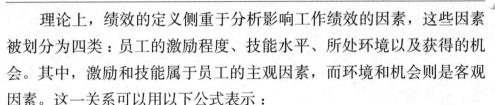

理论上，绩效的定义侧重于分析影响工作绩效的因素，这些因素被划分为四类：员工的激励程度、技能水平、所处环境以及获得的机会。其中，激励和技能属于员工的主观因素，而环境和机会则是客观因素。这一关系可以用以下公式表示：

$$P=F（M, S, E, O）$$

其中，P 代表绩效，M 代表激励，S 代表技能，F 代表环境，O 代表机会。简而言之，绩效是这四个变量共同作用的结果。

基于绩效的概念，绩效管理是指企业为确保员工产生符合预期的工作行为、表现及结果而实施的一系列管理活动，这些活动通常体现在企业的规章制度和工作流程中。绩效管理融合了组织管理和员工管理，旨在确保企业为实现战略目标所设计的流程和规定得到有效执行。它涵盖了目标设定、奖惩规划、日常反馈、评估及学习机制等方面，这些环节为员工提供持续的绩效指导和支持，助力企业达成整体战略目标。简而言之，绩效管理是企业内部的一套系统管理流程，通常包含计划、实施、考核、反馈与再计划五个主要环节。

绩效管理是一个全面的体系，涉及企业、经理及员工的共同参与。通过沟通，经理与员工明确企业战略、职责、管理方式、绩效目标等核心内容。在不断的沟通中，经理协助员工解决工作障碍，提供所需支持、指导和协助，携手达成绩效目标，进而实现企业愿景和战略目标。理解绩效管理可从以下几个维度入手：

1. 系统性

绩效管理是一个全面的体系，而非单一步骤。它不是特定事物，也不局限于人事部门。绩效管理是一种管理工具，包含了管理的所有基本职能：规划、组织、领导、协调和控制。因此，我们需要以系统的视角来看待绩效管理。

2. 目标性

目标管理的一大优势在于能让员工清楚自己的奋斗方向，也让经理懂得如何通过员工的目标来实施有效管理并提供支持。绩效管理同样重视目标管理，强调"目标＋沟通"的模式。明确了绩效管理的目标，经理和员工就能同向发力，齐心协力实现绩效目标，提升绩效能力，从而更好地服务于企业的战略和远景规划。

3. 强调沟通

在绩效管理中，沟通发挥着重要作用。从制定绩效目标到助力员工达成目标，从年终评估到分析原因寻求进步，绩效管理的每一个环节都离不开沟通。可以说，绩效管理就是员工与经理之间不断沟通的过程。若缺乏沟通，企业的绩效管理将形同虚设。众多管理活动之所以失败，往往源于沟通不畅。绩效管理正是致力于改进管理沟通，提升管理者的沟通意识和技巧，从而全面提升企业的管理水平和管理者的管理素质。

4. 重视过程

绩效管理既看重工作成果，也重视实现目标的过程。它是一个循环过程，不仅关注最终结果，还强调目标的设定、辅导、评价以及反馈。

（二）绩效管理的组成部分

绩效管理是一个全面的体系，包含以下四个主要部分。

1. 制订绩效计划

绩效管理的起点是制订绩效计划。一个有效的绩效计划需要满足以下条件：首先，它应服务于公司的战略规划和长远发展目标；其次，计划应基于员工的岗位说明书来制订；再者，计划需具有一定的挑战性，能够激发员工的积极性；最后，计划还需符合 SMART 原则，即目标要具体明确、可衡量、与公司目标相关、现实可行，并且有明确的完成期限。

2. 持续不断地沟通

沟通是管理中不可或缺的核心环节，而"持续不断"地沟通更是强调了绩效沟通的核心价值。在沟通实践中，我们应遵循以下原则以确保其有效性。①沟通需以真诚为基础。真诚是沟通的前提，旨在预防和解决问题。唯有真诚的沟通，才能从员工那里获取最真实的信息，进而帮助他们解决问题，提供必要的支持。同时，能够不断提升经理的沟通技能和效率。②沟通要及时。绩效管理具有前瞻性，意味着我们需要在问题出现之前或之时，就通过及时的沟通将其消灭于无形或迅速解决。因此，及时性是沟通的重要原则之一。③沟通需具有针对性。即沟通应具体明确，针对具体问题进行讨论和解决，避免泛泛而谈。管理者应珍视每一次沟通的机会，专注于具体问题的探讨和解决。④沟通还需定期进行。经理和员工应约定好沟通的时间和频率，以确保沟通的连续性和稳定性。⑤沟通应具有建设性。即沟通的结果应能为员工未来绩效的改善和提高提供有益的建议，帮助他们提升绩效水平。

3. 绩效考核与评估

绩效考核与评估是衡量绩效目标达成情况的重要环节，因此，收集员工绩效信息的工作显得尤为重要。在这一过程中，经理需细致观察员工的行为表现，并做好相应记录。同时，还需妥善保存与员工沟通的结果记录，必要时可请员工签字确认，以避免年终考评时出现意见分歧，确保绩效评估结果有据可依，更加公平公正。绩效评估通常在年底进行，通过这一环节，可以清楚地了解员工绩效目标的完成情况以及企业绩效管理的效果。绩效评估不仅是对过去成果的总结，更是一个提升和改进的过程。它要求我们对过去的结果进行回顾，分析问题产生的原因，并制定相应的对策，以推动企业绩效管理的不断完善和发展。此外，绩效评估的结果在企业各项管理活动中也发挥着重要作用。它是企业薪酬分配、职位晋升、培训发展等决策的重要依据，有助于企业更加科学、合理地配置资源，提升整体管理水平。

4. 绩效诊断和反馈

不存在完美的绩效管理体系，所有绩效管理都需要不断优化。因此，绩效评估结束后，应全面审视并改进企业绩效管理的政策、方法和细节。完成这一过程后，本轮绩效管理工作便告一段落。随着企业的不断发展，经理和员工将再次携手，制订新的工作计划，形成不断改进的良性循环。

（三）绩效管理在企业中的地位及作用

1. 绩效管理的战略地位

绩效管理的战略地位，实质上是对其角色与方向的准确定位，即明确绩效管理的目标与方向。要成功实施绩效管理，首要任务是明确绩效目标，确保绩效管理从一开始就定位准确，沿着正确的路径前行。对于一个企业而言，做出正确的战略选择固然重要，但能否有效地实施这些战略同样至关重要。绩效管理正是企业战略实现的重要辅助工具，它通过将战略目标进行细致分解，并逐层落实，助力企业达成既定的战略愿景。在此基础上，绩效管理还能进一步理顺企业的管理流程，规范各项管理手段，提升管理者的综合素养与管理效能，同时增强员工的自我管理能力。

2. 绩效管理的作用

（1）提升计划管理有效性

一些企业在管理中缺乏计划性，导致经营随意性大，难以掌控。而绩效管理能有效解决这一问题，它强调设定合理目标，并通过绩效考核这一制度，促使组织上下细致规划每季度的工作目标，并在月末对完成情况进行评价。这样，绩效管理增强了各部门和员工工作的计划性，提升了公司经营的可控性。

（2）提高管理者的管理水平

部分管理人员管理知识匮乏，过于投入具体业务，不懂如何管理团队和发挥部门优势。绩效管理制度则要求部门主管必须制订工作计划和目标，对员工进行评价，并与下属深入讨论工作，助力下属提升绩效。这些本是管理者应尽的职责，但多数企业未明确规范，导致管理者责任淡化。绩效管理旨在通过制度化手段规范管理者行为，是提升管理者水平的有效途径。

（3）发现企业管理问题

绩效管理是企业最常用的管理方法，但也是面临挑战最多的管理领域。在实施过程中，企业会遇到诸多问题和矛盾，这些问题可能源于自身而未被察觉，却对他人产生了影响。然而，正是这些问题的暴露，帮助企业明确了管理的方向。

二、薪酬管理

（一）整体薪酬理念及其构成

整体薪酬是指企业根据员工的积极参与，为每位员工量身定制薪酬组合，并根据他们的兴趣、需求变化定期调整。这是一种灵活的薪酬制度，员工可根据个人事业发展、工作与个人生活的平衡，自主决定薪酬组合及其构成比例。

整体薪酬模式传达了全新的薪酬理念：整体薪酬方案相较于传统薪酬方案，其显著优势在于克服了后者的零散性，通过整合多元化的薪酬元素，强调了薪酬的全面性和整体性。该方案基于以下核心理念构建。①客户导向理念是其核心转变。整体薪酬方案实现了从雇主中心到雇员中心的根本性转变，将雇员视为薪酬的"客户"。作为客户，雇员拥有了选择的权利，这意味着雇主需像对待优质客户一样，更加关注并尽力满足雇员的需求和期望，这一信念构成了整体薪酬方案的基础。②业绩导向理念贯穿其中。整体薪酬方案是一种偏重业绩的薪酬制度，但与传统薪酬制度中仅关注结果的业绩工资不同，它更加注重过程与结果的平衡。为确保这一点，在方案设计过程中，充分鼓励员工参与，以避免"重结果轻过程"的弊端。③个性化理念是其独特魅力所在。整体薪酬方案充分尊重员工的个性化需求。例如，已婚女性员工可能更倾向于增加福利比例，如延长假期和弹性工作时间；而未成家的年轻人则可能更希望提高奖金比例，降低退休保险比例。这些多样化的需求都能在整体薪酬方案中得到满足，体现了其高度的灵活性和个性化。

整体薪酬的构成：未来的薪酬制度中，"选择"将成为热门词汇，意味着每位员工在工作中都将享有更多自主权。而且，这一模式会随时代和需求的变化而调整，自助餐式薪酬将为员工提供广阔的选择范围，共同构成整体薪酬。

薪酬改革困难重重，金钱的影响力无处不在。然而，面对日益加剧的竞争，改革的重要性显而易见。整体薪酬方案旨在满足薪酬体制的多样性和选择性需求，同时革除传统薪酬体制的弊端，指明了当前薪酬改革的前进方向。

（二）整体薪酬设计的原则

企业在设计薪酬时，需遵循战略导向、经济性、激励作用、内部一致性、外部竞争性等原则。

1. 战略导向原则

战略导向原则要求企业在设计薪酬时，需紧密围绕企业战略来考虑，确保薪酬政策和制度能反映企业的发展方向。薪酬不仅是规则，更是推动企业发展的机制。合理的薪酬制度能激励有利于企业战略的因素增长，同时抑制不利于战略的因素。因此，设计薪酬时，企业需从战略视角出发，判断各因素的重要性，通过价值标准赋予权重，并据此确定薪酬标准。

2. 经济性原则

经济性原则要求企业在设计薪酬时，需充分考虑自身发展特点和支付能力。在短期内，要确保销售收入扣除非人工费用后能支付员工薪酬；从长期来看，支付完员工薪酬和非人工费用后，企业还需有盈余，以支持追加投资和扩大规模，实现可持续发展。

3. 激励作用原则

企业设计薪酬时，即便是同样的 10 万元，因部门、市场、企业发展阶段及员工差异，分配方式（如 4 万工资 +6 万奖金或 6 万工资 +4 万奖金）不同，激励效果也会大相径庭。因此，激励作用原则强调，企业在制定薪酬策略时，需全面考虑各种因素，确保薪酬分配能最大化地发挥激励作用。

4. 内部一致性原则

内部一致性原则，源自亚当·斯密公平理论在薪酬设计中的应用，其核心在于确保企业在薪酬设计时保持公平性。这一原则涵盖两个维度：首先是横向公平，意味着企业内部各员工间的薪酬标准应保持一致，不存在不合理差异；其次是纵向公平，强调企业在设计薪酬体系时，需考虑历史延续性，确保员工过去、现在及未来的投入产出比保持基本一致，并呈现增长趋势。这涉及一个工资刚性的问题，即企业支付给员工的薪资水平在正常情况下应当呈上升趋势，以避免引发员工强烈不满。为实现内部一致性，企业需进行职位分析，建立职位描述，开展职位评价，并构建职位等级结构。

5. 外部竞争性原则

外部竞争性原则要求企业在设计薪酬时，需参考同行业及竞争对手的薪酬水平，确保自身薪酬在市场上具有竞争力，从而吸引并留住对企业至关重要的战略人才。这主要通过分析相关劳动力市场、进行市场工资调查，并据此调整薪酬结构来实现。

第五节　员工安全与劳动关系管理

一、员工健康与安全问题

现代员工都期望企业能提供安全、可靠和健康的工作环境，但我国仍有部分企业视事故和职业病为工作难以避免的附带结果，这种观念至今仍未完全消除。然而，值得庆幸的是，越来越多的企业正在积极采取措施预防和控制，力求降低并最终消除工作场所的风险。

以往，员工健康常被理解为仅指生理健康，但现在多数企业已认识到员工健康还应包括心理健康。简而言之，员工健康是指员工在身体、心理及情感上的良好状态。通常，健康的人不会有疾病、损伤或影响日常活动的心理及情感问题。

员工安全指的是员工身体健康不受伤害的状态。过去，安全仅指员工在企业内部的安全，但现在，员工在通勤、就餐及执行外部任务等过程中的事故也被视为安全问题。研究显示，员工在非工作时间发生的安全事故多于工作时间，且同样会影响工作效率。因此，许多企业开始将安全计划扩展至工作场所和工作时间之外。企业实施有效的安全防护，旨在预防与工作相关的伤害和意外。

二、劳动关系管理

（一）劳动关系的含义

劳动关系是一个兼具人力资源管理与法律领域特性的概念，它蕴含着明确的法律意义。在我国，劳动关系的基本法律规范由《中华人民共和国劳动法》确立。这部法律自 1995 年 1 月 1 日起正式施行，旨在调整劳动关系及其紧密相关的其他关系，通过法律手段明确并规范劳动关系的各项要素。值得注意的是，尽管《劳动法》未直接给出劳动关系的具体定义，但依据《关于贯彻执行〈中华人民共和国劳动法〉若干问题的意见》，劳动关系可以理解为存在于企业与个体经济组织（指雇工 7 人以下的个体工商户）和劳动者之间的一种关系，其中劳动者已成为这些组织的成员，并为其提供有偿劳动。此外，劳动法还规定，国家机关、事业单位、社会团体与其签订劳动合同的劳动者之间的关系，同样适用劳动法的相关规定。

（二）劳动关系的法律特征

劳动法规定的劳动关系具备以下三个法律特点：首先，它是在实际劳动过程中产生的，直接关联到劳动者。其次，劳动关系涉及两方，一方是劳动者；另一方是拥有生产资料的单位，如企业、事业单位或政府部门等。最后，劳动者需成为单位的一员，并遵守单位的内部劳动规章制度。

劳动关系主要包括劳动者与用人单位之间关于工作时间、休息时间、薪资报酬、劳动安全卫生、劳动纪律及奖惩、劳动保险及职业培训等方面的关系。

（三）劳动争议与处理

劳动争议，也称劳动纠纷，是指用人单位与劳动者在实现或履行《劳动法》规定的劳动权利义务时产生的分歧。根据我国劳动关系的特点，劳动争议具有以下特征：争议双方一方为用人单位，另一方必须是劳动者；双方之间必须存在劳动关系；劳动争议仲裁机构仅受理用人单位与劳动者之间的争议，不包括用人单位之间或公民之间的争议；争议发生在劳动关系存续期间，且内容必须与劳动权利义务相关。

1.劳动争议的处理

劳动争议是劳动关系不协调的体现，源于劳动关系双方动机和利益差异及外部因素影响，具有客观性。劳动争议一旦发生，会扰乱企业正常生产秩序，影响社会稳定，故需及时依法解决。处理劳动争议时，仲裁程序的法律依据主要包括《劳动法》第十章、国务院的《企业劳动争议处理条例》以及原劳动部的《劳动争议仲裁委员会办案规则》等。

2.劳动争议受理范围

劳动争议仲裁机构负责处理以下争议：企业开除、除名、辞退员工与员工辞职、自动离职的争议；执行国家工资、保险、福利、培训、劳动保护规定的争议；劳动合同履行中的争议；其他法律法规规定的争议，如集体合同履行争议等。

3.劳动争议处理的基本形式

向企业劳动争议调解委员会申请调解，向劳动争议仲裁委员会申请仲裁，或向人民法院提起诉讼并尝试自行和解。调解并非必经程序，若一方不愿调解或调解不成，可直接向仲裁机构申请仲裁。未经仲裁处理的劳动争议，人民法院不予直接受理。

（四）劳动争议处理的一些实体规定

1. 开除、除名、辞退

开除是《企业职工奖惩条例》中规定的最严厉行政处分，其他如警告、记过、记大过、撤职、留用察看等处分引发的争议，仲裁机构不予受理。但降级若导致降薪争议，仲裁机构可以受理。除名和辞退是对违纪职工的不同处理方式，前者针对旷工行为，后者针对其他违纪行为，且都包含教育程序。

2. 工资争议

工资争议主要涉及两类：一是拖欠工资，二是克扣工资，其中也包括拖欠或克扣下岗人员的生活费。

3. 培训争议

培训争议多指企业职工在职期间因培训产生的纠纷，尤其是关于培训费赔偿的问题。例如，员工完成培训后回到企业工作，但未达到企业规定的服务期限就提前离职，这时员工需按约定赔偿培训费用。

4. 保险争议

保险争议涵盖养老保险、医疗保险、生育保险、工伤保险及失业保险等方面的纠纷。

5. 履行劳动合同争议

这类争议主要包括：劳动合同的签订、变更、解除和终止等方面的争议。

在劳动争议处理中，常遇到因事实劳动关系产生的纠纷。事实劳动关系指的是劳动者已成为企业或个体经济组织的实际成员，并为其提供有偿劳动。这类关系也可能导致开除、除名、辞退及工资、解雇等争议，处理时需遵循劳动法律法规。

第五章 现代企业人力资源管理角色发展研究

第一节 人力资源管理角色的内涵

一、人力资源管理角色的基本概念

在探讨角色这一概念时，我们往往会首先从社会学领域的个体角度出发。尽管如此，当我们把焦点放在组织的管理研究领域的时候，角色的定义和范围就变得更加丰富且广泛了。这不仅仅局限于描述微观层面的个体角色，例如管理人员或企业主等等，而是普遍用于中观及宏观视角，包括涉及人力资源管理的各个方面，比如人力资源管理机构或者业务单位在人力管理中的职责，甚至也包含了跨国公司的分支机构所承担的责任等多项内容。深究其根源，我们可以发现，人力资源管理角色的构建，其实是在角色这个基础理论在管理学、经济学等多学科环境下运用并深入的过程，这也体现了我们对于人力资源管理工作重要性的深度理解和认识。

早在 20 世纪 70 年代，人力资源管理角色的研究便已初露端倪，并在随后的 80 年代逐渐发展壮大。进入 90 年代后，这一研究领域更是实现了战略性的飞跃，成为 21 世纪战略性人力资源管理研究的核心议题之一。然而，尽管人力资源管理角色作为一个新兴的研究领域备受瞩目，但其概念的内涵与外延至今仍未得到全面而深入的揭示。在实际研究中，不少学者常常将人力资源管理角色、人力资源部门角色、人力资源管理专业人员角色以及人力资源管理职能角色等术语相互混用，这不仅导致了概念上的混淆，也间接地阻碍了人们对人力资源管理角色问题的深入探讨与理解。

这一现象的部分原因在于，人力资源管理的领域还未形成独立且完善的理论系统，所以在讨论相关问题的时候，往往需要借助于心理学的、社会的、工业关系的、经济学的以及策略管理的各种理论架构与定义，这也使得其基础不够稳定。为了解决这个问题，我们必须明确辨别并且理顺这些词汇间的准确区别，这对推进人力资源管理角色的深入研究是极其关键的。

韦伯（Weber）是早期深入探讨人力资源管理角色的学者之一。作为早期的研究者对人力资源管理的深度探索的一部分，韦伯的研究成果尤为引人注目。他在描述典型的行政机构架构时，强调了组织内人力资源管理专家所掌握的"权能"。据韦伯解释，企业选择特定的个人担任人力管理职务的原因在于他们的丰富经历与专业资质，这让他们有能力执行职位要求的工作内容。正是由于他们在公司等级制度中的这种明确身份，人力资源管理者得以有效履行组织的责任。

韦伯的研究成果为探索人力资源管理的角色打开了新的思路，并为后续相关研究奠定了坚实的分析基础。要探讨人力资源管理的职能角色，首先需要从组织层面入手，深入研究组织结构、管理层级、工作任务特点及职责分配等主要因素。这些组织层面的变量将在很大程度上影响人力资源管理的职能角色的发挥。同时，分析人力资源管理者的角色时，需从个人层面开始，详细研究他们的经验、专业能力、个人素质及价值观等特征，这些特征将对其角色作用的发挥产生深远影响。当然，人力资源管理的职能角色和人力资源管理者的角色并非孤立存在，而是互相依存、联系紧密的。可以说，人力资源管理的职能角色为人力资源管理者的角色提供了基本框架，而后者则通过自身的表现进一步丰富了前者的内涵与特征。

韦伯在人力资源管理角色领域的开创性研究，深刻揭示了该角色的多重性特点，即人力资源管理角色并非孤立存在，而是由多个具体的子角色共同构成的一个复杂系统。这一发现与结构主义角色理论中的"功能决定角色"观点不谋而合。然而，需要指出的是，韦伯的研究虽然精准地描绘了人力资源管理角色的本质属性，但在术语使用上，并未对人力资源管理角色的概念给出一个明确的界定。

自20世纪80年代以来，人力资源管理领域逐渐呈现出一种分权化的新趋势，越来越多的常规性人力资源管理事务开始由业务部门来承担。随着这种转变的发生，一系列新的问题开始出现，涉及业务管理者和人力资源管理者的职责分配，这使得人力资源管理者必须面对一项崭新的角色考验：他们需要在新形势下充分发挥出人力资源管理的价值吗？与此同时，人力资源管理团队也需考虑如何更有效地协同并配合业务部门来实现人力资源管理工作目标。这个问题不仅增加了我们对于人力资源管理角色的认知深度和广度，也逐步推动了一个新兴的研究领域的诞生，即战略性人力资源管理研究。

在探讨单一组织的人力资源管理功能角色时，我们通常指的是承担这一功能的人员在日常工作中所从事的总体活动，以及对于在组织结构中占据这一特定职位的人员所期望的行为模式。卡特里娜（Katrina）着重指出，界定人力资源管理角色的关键在于细致分析人力资源管理者日常的工作内容、经历以及所构建的关系网络。基于前人的研究成果，高中华等人进一步将人力资源管理角色的概念提炼为：这是人们对人力资源部门及其成员所持有的一种期望，其研究的核心目的在于揭示人力资源部门及人员在助力组织达成战略目标、创造组织价值及实现部门自身价值的整个过程中，所展现的行为模式、发挥的具体作用以及背后的作用机制。

二、人力资源管理角色发展的基本概念

（一）企业人力资源管理角色发展的内涵

"角色"这一概念最初源自社会学领域，并得到了明确的定义。简

而言之，角色可以被看作一种具有一致性和规范性的特定模式。它并非空洞或虚幻的，而是蕴含着人们对拥有特定身份者行为的期待。这种期待构成了社会群体和组织得以形成和维系的重要基础。

人力资源管理角色是对社会学中角色概念的进一步拓展与深化，将两者融合，可以理解为人们对企业人力资源管理部门及其人员所寄予的期望。这一期望实际上也指向了人力资源管理发展的目标所在。在企业运营过程中，人力资源管理部门扮演着举足轻重的角色。对其在企业发展过程中的角色变化进行深入探究，主要是为了剖析企业内部人力资源管理的职能，并观察其在具体的人员调配中如何体现对员工的组织与管理能力。在一定程度上，人力资源管理对企业战略目标的制定产生着重要影响，而这些战略目标的切实执行，则是在人力资源管理角色不断转变的过程中得以实现的。

开展人力资源管理角色的研究，其核心目的在于明确人力资源管理在企业中的定位。这一研究广泛涵盖了角色的形成过程、角色间的转换以及角色的演化等多个方面。通过细致剖析角色的发展脉络，深入探究角色的具体定位，并对角色进行进一步的细化分类，我们能够全面地审视企业发展的轨迹与核心脉络，并在研究过程中不断创新思维，灵活应对各种形态的转变。值得注意的是，人力资源管理角色并非一成不变，而是处于不断的动态调整之中。在不同的经济环境背景下，角色的具体表现会呈现出显著的差异，进而在企业内部发挥出各异的作用与影响力。

（二）企业人力资源管理角色发展的内容

在经济全球化这一宏大背景下，人力资源角色的演变成为企业发展中不可或缺的研究议题，它聚焦于人力资源从业者在新的经济形势下如何重新定位自身角色。在不同的经济环境中，人力资源角色的演变路径各不相同，深入探究这一演变过程，不仅有助于企业深化对人力资源管理的认知，明确角色定位，还能指导企业设计出更为贴切的管理制度与方法，从而全面提升人力资源管理的质量和效率。进一步而言，人力资源角色的动态变化，实际上为企业职位变化的研究提供了一条重要线索。企业中"人"的角色转变，正是职位调整与职能变化的直观反映。值得注意的是，这种角色变化并非静止不变，而是呈现出一种动态性。在许多企业中，人力资源管理角色往往处于一种过渡性的状态，它既受到既定角色期望的制约，又受到多种临时性因素的影响，如人力资源管理部门的具体需求、个人角色的期望调整及利益格局的变动等，这些都会促使人力资源管理角色发生相应的变化。

为了提升人力资源管理水平并推动角色的发展，企业可以依据人力资源发展变化的内在规律，从多个维度去审视那些影响人力资源角色演进的因素，增强人力资源管理决策的科学性和精准度。

第二节　人力资源管理角色研究的理论依托

从 20 世纪 70 年代开始，对人力资源管理角色的研究逐步展开并持续发展到 80 年代，然后在 90 年代迅速扩张，最后进入了 21 世纪的多维度繁荣时期。由于该领域的研究涉及众多问题且内容丰富多变，学者们意识到仅依赖某一特定的理论模型无法完全解释所有的挑战，所以当前的研究结果展示了一个多种理论相互融合及复杂化的景象。为了进一步理解这个现象，布兰德（Brand）和波希勒（Pohler）对其做了深度分析，总结了在这个领域内最常用的几类理论基础，这些主要包括：新制度主义理论、战略决策理论、协商与进化论及协同进化理论等等。

一、人力资源管理角色研究的理论基础

（一）新制度主义

进入 21 世纪，社会经济的快速发展和科技创新，加上组织的频繁改革，使每个企业都不可能保持现状。因此，能否快速适应环境的变化已成为企业生存及发展的主要难题，也成了驱动人力资源管理的职

责继续转变和提升的核心要素。根据新制度主义观点来看，早期的一些学者已经开始讨论制度背景对于人力资源管理工作产生的影响。

新制度学派为人力资源管理的角色转变问题提供了一种有力的解释工具。在新制度学的视角中，公司为保持其生存并且被社会接受而面临多种外部约束如法律制裁或公众舆论的影响；这种内外部压力使得企业的行为模式趋于一致化，且对公司的运作方式产生共同预期，从而导致类似的管理架构出现，这就是我们常说的"形似神非"的现象。根据这个观点，贾科布等人通过研究劳工市场的强度、法规的环境状况及其他相关条件来探讨人类资源管理工作职责的变化情况。

一些专家通过"合法性"的需求视角深入探究了制度要素是如何影响人力资本管理的角色选取。他们主张，为展示对公众普遍认同的价值观念与信念的遵从，公司在建立自身的内设人资部门及选择管理方式的过程中会主动采用一种名为"仿效式同型"的方法，也就是复制已经得到合法性认证的公司的行为模式，以期达到自我获取相应合法性的目标。而在美国政府的管理机构中，他们更倾向于强调财务的责任和对有资格的人员的需求，并且会给公司提供最新的技术支持。但是，这种做法并不是为了立即提高公司的运营效益，而是在试图通过这样的行为来传递一种信号，告诉他们的合作伙伴或者其他的公司，这个企业正在从传统的经营模式转向新的发展策略，以此来争取到更多的认可，同时强化自身的法律身份。

当然，研究者还揭示了一个事实，即制度因素也会通过组织内部的因素间接地作用于人力资源管理角色转变的方向与进程。具体来说，组织内外的专业人士可能会通过培训、系统性评估等手段，对管理者的决策前提产生影响，进而促使组织遵循专业领域内通行的某些制度规范。雷尼（Rainnie）的一项实证分析就表明，采购组织在人力资源管理上的决策模式与管理方式，对供应商组织的雇用形式及其成效产生了直接的影响。

（二）战略选择和谈判演化理论

相较于新制度主义理论的研究方法，许多学者更愿意以企业内部因素为切入点，深度挖掘决定人力资源管理工作职责变化的核心动力。这种研究趋势使得他们开始使用战略选择与谈判演化理论作为分析人力资源工作职责问题的基础框架。这两个理论都主张，人力工作的职责定位是由策略性的抉择产生的。换句话说，战略选择理论主要关注的是组织的战略如何深刻影响着人力的职责设定及调整；而谈判演化理论则更为注重人力资源部及其负责人在职责确定过程中的各种策略性动作。比如，人力资源部可能会通过精心的策划和实施象征性活动、政治策略等方式，提升自己在公司的地位和信任度，从而对业务经理关于人力资源管理的理解和感受带来正面的效果。

在 20 世纪 30 年代中后期，国内外市场环境经历了一系列重要变化，其中包括市场管制的放宽、竞争态势的日益激烈以及生产效率提升的巨大压力。这些变化促使雇主们不得不将更多的关注点和精力投到员工管理上，以期通过优化员工管理来满足对产品质量的严格要求和服务需求的不断提升。与此同时，企业内部也经历了一系列深刻的变革，如组织层级的精简、结构的重新组合、人员的裁减以及对竞争优势的不断追求，这些变革共同推动了企业战略管理方式的重大转型。在这一背景下，人力资源管理职能的配置方式，即集权与分权的平衡，也经历了显著的发展变化，呈现出阶段性的特征。这些变化不仅深刻影响了人力资源管理的运作机制，更促使人力资源管理角色从传统型向战略型发生了根本性的转变。

在集权式的人力资源管理模式之下，组织往往会设立专门的人事管理岗位，并指派专业的人力资源管理人员来全权负责员工的管理工作，这成为该模式的一个显著特点。这种做法在无形中削弱了职能管理者在员工管理方面的作用，同时为人力资源管理者提供了一个提升其在组织内部地位的契机。

根据米尔沃德等人对人力资源领域的深入探索，我们发现，伴随着现代组织的不断改革与进化，人事管理人员的角色及地位正在逐步稳定上升。他们在承担日常行政任务的同时，也开始肩负起协调员工关系的职责。但是，面对日趋严峻的市场竞争环境，传统的集中型人力资源管理方式正面临着响应速度慢、效果差等问题。

到了 20 世纪 80 年代后期，欧美地区的一些企业中出现了一个新趋势，即将人力资源管理的事务性权力赋予业务管理者，这一现象迅速引发了社会各界的广泛关注与热烈讨论，人们开始深入探究分权化的人力资源管理模式究竟会给人力资源管理职能及其从业人员带来怎样的影响。随后，一项由雅各布所做的关于欧洲十国企业的专门调查揭示了这样的趋势：从 1985 年到 1990 年这五年里，超过一半的欧洲公司开始逐步把人力资源管理的职责转移给职能管理人；而在接下来的五年内，这个数字进一步上升为 66.7%。尤其引人注目的是，丹麦和瑞士在这个权力分散化潮流中的表现尤为突出，这两国的绝大多数企业已成功地将包括招聘选拔、薪资待遇、职业训练及提升、员工互动、卫生保障和人力资源计划等六大主要任务完全交予职能管理团队负责。

在同一时期，布鲁斯特（Brewster）等人也对欧洲各国的人力资源管理模式及其内部角色关系进行了全面探讨。他们发现，大部分位于欧盟且员工数量超过两百人的企业更偏向采用统一制定人力资本策略的方式来处理人力资源管理问题，并且会通过各部门及专门负责人事业务的专业小组一起承担这部分责任的工作流程。不过在此大背景之下，各国的 HR 工作者各自担任的功能职位仍存在一定程度上的区别。比如，相较而言，法国的人员招聘负责人更多的任务是作为公司的咨询师，提出有针对性和长远的发展计划方案，而非执行具体事务操作或低层级管理的职务；反观伊比利亚半岛上的一些国家如葡萄牙、安道尔等地域内的大型企业工作人员，他们主要从事的是常规业务活动中的基础岗位工作的实施，而不是高层次的决策指导类功能职司。虽然目前对于决定是否应该实行中央化的或者分散式的控制机制以确定这些机构应有的定位的问题还未达成共识，但是相关的调研已经明确指出了多元化管控体系能有效促进各类人才发展的重要意义所在。

研究者普遍达成一个共识，即分权模式在导致组织减少人力资源专业人员数量的同时，并未放松对人力资源管理职能的高标准要求。这一现实矛盾不仅推动了人力资源管理职能寻求新的发展方向，还使得职能管理者在人力资源管理方面的能力培养成为备受瞩目的焦点。

毫无疑问，随着人力资源管理职责的转移，能力管理者的人力资源管理技巧，不仅是决定他们角色转变的关键因素，也是决定人力资源管理能否顺利实现角色转变的重要因素。

从某个角度来看，战略抉择及协商进化论主要用于解释人力资本管理的角色转型的深层原理和发展过程，这对理解在新制度主义理论架构中的人力资本管理角色种类具有重要的增补效果。这两种理论都强烈地指出人力资本管理在制定决策过程中如何与其组织的宏观环境约束条件产生互动并形成的结果。

（三）资源基础观和组织动态能力理论

基于战略管理和产业组织经济学建立的资源基础观，同样是解读人力资源管理角色问题的重要理论支柱。

基于企业核心优势的源泉这一观点由彭罗斯等学者所提倡并激发了一种新的思维方式，即以公司资产为核心的视角来了解和评估企业的竞争力水平。随后，这个概念被扩展到更广阔的企业经营领域中去：首先是布鲁斯·韦默费尔特的著作《价值创造》一书详细地介绍了这种新颖的管理理念；接着又经过保罗-克里希南达姆教授的研究与推广后得到了更加深入的发展及完善化处理。虽然从一开始就被一些人指责过于笼统、模糊不清或缺乏实证支持等问题存在于该学说当中，但是它依然吸引着大量的关注并且已经成功渗透到了各种商业管理的子系统之中从而证明了自己的强大影响力。

此后，在实践研究层面，卡佩利（Cappelli）从三个维度深入剖析了人力资源在组织战略制定与实施中的独特价值，充分运用了资源基础观的理论视角。与此同时,威尔逊(Wilson)则通过细致分析人力资源管理系统在塑造四种组织胜任力过程中的关键作用,探讨了其在构建组织竞争优势中所扮演的多元角色。在此基础上,巴尼(Barney)和赖特(Wright)更是借助资源基础观,从价值性、稀缺性、难以模仿性及组织内部契合度这四个主要维度出发,构建了备受瞩目的 VRIO框架模型,用以全面分析人力资源管理角色的特征。自此之后,这一逻辑范式被众多学者广泛采纳,成为分析人力资源管理角色的重要工具。

然而,资源基础观在分析企业竞争优势发展过程中的动态性与复杂性时表现不佳,这促使后续研究者加快了理论创新的速度。1994 年,蒂斯(Teece)和皮萨诺(Pisano)首次提出了动态能力的概念,并逐步发展出了动态能力理论,旨在通过快速整合资源来获取在动态环境下的企业竞争优势。动态能力理论突出强调了能力与资源之间的明确区别,认为组织在运用资源,特别是在整合、重构、获取和释放资源的过程中所展现的对复杂市场环境的灵活适应能力。这一新视角成为重新审视企业竞争优势来源的重要工具,并为深入探讨人力资源管理的战略角色提供了全新思路。在这种背景下,图尔(Toole)及其同事进一步研究了人力资源开发在组织边界和界面管理中的作用,指出其在培养领导素质、塑造战略与结构、促进便利与创新以及跨界管理等方面扮演了多重角色,为知识库与知识交流网络的建设做出了重要贡献。

从理论角度出发,资源基础观与组织动态能力理论为探索人力资源管理职能角色的新视角提供了依据。随后,在实践层面的研究成果不断涌现,这些成果不仅深化了人们对上述理论的理解,还进一步增强了人们对人力资源管理新角色的认识和接受度。

(四)共同演化理论

相较于只针对单一要素来讨论人力资源管理的角色难题,共同演化理论采用了更广泛且深入的方法论。其主要关注的是各个层次(包

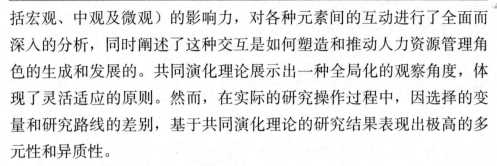

括宏观、中观及微观）的影响力，对各种元素间的互动进行了全面而深入的分析，同时阐述了这种交互是如何塑造和推动人力资源管理角色的生成和发展的。共同演化理论展示出一种全局化的观察角度，体现了灵活适应的原则。然而，在实际的研究操作过程中，因选择的变量和研究路线的差别，基于共同演化理论的研究结果表现出极高的多元性和异质性。

然而，这并不影响共同演化理论的主要贡献：它成功地填补了仅从单个角度研究人力资本管理的职责问题所存在的缺陷，让我们能以更加全面的方式理解人力资本管理职责的多样性和普遍特性，同时还为我们分析人力资本管理职责变化过程中的随机和确定因素提供了一个更为合理的基础。

二、人力资源管理角色类别的相关研究

当讨论人力资源管理角色的职责问题时，学者们对人力资源管理责任的划分做了深入细致的解析。他们采用的是一种静态的方法来研究这个问题，重点关注人力资源管理机构及其领导人在推动公司产生效益、达成目标过程中需要执行的主要任务，并且还详细地探究了各种不同的职责模式可能带来的普遍效应。

在20世纪70年代初期，一些专家注意到了这样一个事实：与其他部门相比，人力资源管理对公司产生经济效益的能力往往被公司的领导团队所怀疑和否定。这种状况使得人力资源管理者在公司中处于一种微妙的位置，他们的职责和权限并不明确，同时他们也受到了来自各方的压力。由于这些原因，人力资源管理领域遭遇了一种空前的信任危机。为了更深层次地了解这个情况并且寻求合适的解答，研究人员决定从人力资源管理的角色划分入手来展开讨论。

众多评论家提议，应依据人力资源管理工作的本质及其与组织内部其他职能间的相互关联，对人力资源管理的角色进行科学分类。但遗憾的是，时至今日，关于这一议题，各界仍未形成广泛一致的看法。

不过，当我们回顾人力资源管理角色分类的探索之路时，可以发现一条主线清晰地贯穿其中：那就是人力资源管理角色的界定与其职能的转型升级之间存在着密不可分的关系。当然，在这一主线指引下，研究者对于具体角色的概念界定和内涵阐释也展现出了高度的多样性和丰富性。

学者图西（Tusi）率先从多个利益相关者的角度出发，描绘了从人事管理阶段迈向人力资源管理阶段的过程中，人力资源管理人员应当承担的新职责。他将这些职责概括为：满足不同层次客户（包括高层管理者、直线经理以及员工）的需求，扮演为相关群体提供常规服务的行政人员角色，以及充当提供专业建议的顾问角色。同时于图西研究期间展开的是泰森（Tyson）和费尔（Fell）提出的独特的人力资源管理角色连续体模型。该模型基于员工的智商差异来区分不同层次的管理角色。具体来说，这个连续体由两个极端组成：一端是以最基本的智力应用为主导的"雇员"角色，另一端则是由高级智慧驱动的"建筑师"角色。在这两极之间存在一种过渡性的角色——"契约管理者"。此外，泰森和费尔还强调了决定人力资源管理人员智商等级的重要因素包括公司高层领导的决策方式、人力活动计划的广度、人资专家的能力素质以及其对企业文化的贡献程度等。

与图西的研究相比，泰森和费尔的理论模型不仅细致地描绘了人力资源管理角色的多种类型，还深入剖析了影响这些角色定位的主要因素。尽管随着时间的推移，这一角色分类方法面临了一些挑战，但其核心思想依然历久弥新，经受住了实践的检验。

20 世纪 80 年代末，战略管理观念从外部驱动转向了内部驱动，因此许多研究人员开始从组织战略管理的流程视角来探讨人力资源管理角色的分类。霍尔德（Holder）在这一背景下提出了一个观点，他认为人力资源管理者应当扮演起帮助组织明确战略需求和满足这些需求的角色，即成为组织的"战略伙伴"。霍尔德还强调，在新的环境下，战略伙伴角色是人力资源管理者所扮演的核心角色之一。

韦利（Wiley）详细说明了人力资源管理角色在战略、法律和运营这三个不同层面上的具体展现。在战略层面，人力资源管理者主要扮演顾问、评价专家、诊断师、变革推动者、战略助推器、业务合作伙伴及成本管控者等多重角色；在法律层面，他们的角色则转变为法律顾问、审计专员、法律执行者及调解人；而在运营层面，他们需要担任顾问、消防员、紧急问题处理者、员工后盾及政策规划者等角色。

面对快速发展的科技进步和时代的变化，舒勒提出了人力资本管理的职责正在逐渐转向直接部门的现象，并且强烈呼吁人力资源的管理者必须及时调整自己的位置以免被取代。他主张，人力资源管理者应该由"专门的技术专家"过渡到"人力资源问题的主导者"，并在成为"管理团队核心的一员"的过程中不断提升自己。为了实现这一目标，他们需要兼顾多个身份，如业务执行人、改革促进者、组织的顾问或功能部门合作伙伴、战略策划家、人才培养者、资源管理者及费用管控者等等。此外，他还深层次地研究了在新老角色的权衡中，人力资源管理者可能会遇到的角色矛盾等问题。他指出，是否能有效解决传统的角色和新的角色间的平衡关系，将会影响角色转型的结果。

舒勒等人的工作预示着人力资源管理的角色转型，由传统的服务者转向战略合作伙伴，这大大扩充了其角色含义的范围。尽管他们的研究已经开始探索如何把人力资源管理融入组织的战略规划当中，但目前的研究仍未达到对人力资源管理战略角色的深层次理解。直到20世纪90年代，才有了实质性的进展。部分学者借鉴了资源基点论和组织动态能力管理理念，为其探究人力资源管理战略角色奠定了扎实的基础，并且强调人力资源管理作为"战略伙伴"的核心特性包括：协助制订组织战略计划，促进战略执行效果，积极推进组织改革。

第三节　企业人力资源管理角色发展的策略

随着国际贸易的发展，世界的商业竞赛赛场现况变得越来越残酷；在这个过程中，智力和技能已经成为决出胜利者的关键元素。换句话说，商战的核心实际上是关于智慧和人才之间的角逐。如果一家企业想要在这场激烈的竞争中取得优势地位并且持续发展的话，那么他们就需要强化自己的财务能力，其中最核心的部分便是"人"，即人力资本的管理对于公司的成功至关重要：因为它是保证各业务部门人员需要得以保障的基础条件之一，从而支持了整个组织的运营活动。所以，如何有效地利用员工的力量来促进组织的发展是一个非常重要的议题。这就要求我们在使用劳动力时始终坚持人性化的原则，高度关注人的作用，并在实际操作上依据具体情况调整我们的思维方式，以便不断地改进提高工作效率及质量。

一、多视角下的人力资源管理角色发展动因

（一）被动接受视角下的人力资源管理角色发展动因

就其被动接受的视角而言，一般人倾向于把人力资源管理角色的变化视为对外部环境变化的一个消极反应。在某个特定的时间段内，人力资源可能暂时保持稳定的角色定位，并且具有某些共有的特性。但是，这个稳定性并不是固定不变的，随着时间流逝，它也会相应地调整。在这个角色发展过程中的垂直轨迹上，人力资源管理的职责将会逐级演化，自最初的行政管理角色开始转向战略协作角色，这一步骤是由当前经济世界的多种外在综合要素协同推动产生的结果。对人力资源管理角色发展产生重大影响的主要因素有如下几点：

1. 技术特征的影响

外部世界的技术涵盖生产技术、管理技术和信息技术三个方面，这些技术随着各自领域的发展而进步。只有当生产、管理和信息技术都得到提升时，外部世界的整体技术水平才会提高。

当前日渐普及的技术信息化对于人类资源的管理功能产生了深远且重要的转变作用。这不仅仅直接改写了企业的 HR 职能和转型过程，而且能有针对性地控制市场的劳动力流动情况及趋势变化、提升人员配置效率，并且保证公司领导层可以充分了解所有的人类资源详细数据。伴随着世界经济发展速度加快，知识型产业变得越来越重要，并在商业竞争力方面发挥关键性的决定作用。如果一家企业试图要在充满挑战的世界市场上保持稳定发展的话，他们就需要高度重视管理工作流程并对人力资本管控拥有主导权，以吸纳或留下高素质的专业人士，从而保障他们在国际贸易中的领军位置。但是我们不能忽视的一点是，利用科技手段并不是没有障碍存在。一些特定的条件可能会限制它的实际效益，比如系统的完整度或者工作人员对其使用的适应能力等等这些问题都可能产生负面效应。所以当我们在定位人力资源管理角色的时候要紧密跟踪组织的技术状况，以便根据实际情况做出适当战略变动，使之最大限度得益于新工具带来的便利而非被它们所拖累。

2. 产业关系体系

在这个过程中，如何维持和协调委托方与受托方的利益冲突是至关重要的因素之一；同时它也深刻地影响着公司内部员工的管理方式的发展趋势。这种影响力主要是通过一连串的规定体系去限制企业的人力资源管理实践活动，并由企业的劳动联合会负责实施的具体操作过程中的细节部分。然而随着市场的变化发展，若能有效利用这个机制的话，则可以降低或削弱其对于工作场所内的人力资源管理工作所产生的间接且广泛的效果。

3. 劳动力市场结构

研究表明，劳动力市场结构（包括价值观的多样性）对人力资源管理结构的构成及其质量有着重要影响。在市场经济环境下，新进入的劳动力会给企业的人力资源管理角色带来挑战，推动其结构发生变化。此外，市场雇用模式的调整也会促使企业的人力资源管理职能发生相应的转变。

（二）主动选择视角下的人力资源管理角色发展动因

从主动的角度来看，人力资本管理的角色转变主要是由公司策略和权力结构推动的。公司的自我驱动力是推动人资管理角色发展的重要因素之一，而这当中，公司策略起到了核心作用。为了能在市场上保持领先地位，公司需要构建适应其特点的组织策略，以此提高他们的市场竞争力。一般情况下，组织的策略包括自主型策略、防守型策略及依附型策略等各种形式，当公司决定实施市场经济发展策略时，应该确定哪种是最适合他们的路线，这是目前公司发展过程中的一个无法避免的关键问题。同时，策略的选择也部分地影响到人力资本管理角色的变化。所以，建立合理且有效的策略对于公司来说非常关键，如果策略选定有误，可能会阻碍人资管理角色的进步。

公司权力影响深远地融入公司的人力资源管理的行动方式和政策中。整体权力的增长，间接给予人力部门更高的授权，从而提高了信息传输速度及接受质量。在这个信息交流的过程中，需要考虑的是员工个人利益的估值问题，而公司则是根据预设的标准去评定人资部门的作用价值。因此，从积极接受的角度来看，强化企业的组织实力和制定有效的政策是至关重要的。深入研究组织阻碍及其有效性的执行情况，可以为人资部门的健康发展提供有力的支持，并进一步提高战略决定的准确性。

（三）共同演化视角下的人力资源管理角色发展动因

从共同演化的角度看，人力资源管理角色的发展被全面阐述，展现了其变化和发展的动态历程。

1. 环境不确定性的影响

鉴于外部环境的不确定性，企业人力资源管理呈现出临时的特性。随着市场的变化，其结构亦会作出相应的调整。当公司的规模不断扩大时，人力资本的管理方式已从传统的机械化转向有机化，并且管理的方式正从集中到分散转移，逐步走向以业务外包为主导的多元化趋势。伴随着人力资源管理功能的变化，企业的运营责任与人事主管的责任也需要重新分配。在公司发展的过程中，市场因素对经营者的影响也不容忽视。为了促进公司的发展，不仅需要提高经营者的全面素质，还需要建立明确的公司发展组织规则。

2. 组织文化的影响

为深入掌握企业的人力资源角色转变，我们首先需要全面把握企业的组织文化。企业组织的价值观和行为模式受到人力资本的管理水平及环境的影响，尤其是由人力资源部建立并累积的社会联系，其对人力资源管理职责框架有着关键性的影响力，从而深度影响了人力资源管理角色的进展轨迹。公司内的价值体系直接构筑了人力资源管理责任的设计方案，同时组织的精神也无形地推进了人力资源管理角色的转变，例如人力资源主管与经营经理间的合作关系，以及人力资源部在公司网络中的位置，等等，这些因素均能影响员工接受人力资源管理改革的重要条件。无论组织的关系发生何种变化，都会引发相应的角色转变。高级管理人员的大力支持和营造良好的人力资源管理氛围，对于角色的准确定位和及时调整至关重要。所以，企业应高度关注组织文化的构建活动，以保障人力资源管理的顺畅转变和改进。

二、人力资源管理角色的转换

现今，人力资本的管理已经成为管理的核心理念之一，它的地位正在发生重大转变。随着世界逐渐进入知识型经济时代，传统的人力资源管理方式及定位无法满足目前面对的问题与迅速变化的环境。由于"人才"被视为公司之间最重要的竞争力源泉，因此人力资源管理

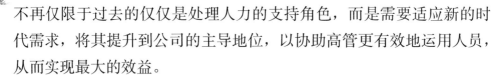

不再仅限于过去的仅仅是处理人力的支持角色，而是需要适应新的时代需求，将其提升到公司的主导地位，以协助高管更有效地运用人员，从而实现最大的效益。

（一）人力资源板图的改变

随着新经济时代企业经营环境的变化，人力资源管理的范畴也相应地发生了改变。人力资源管理部门应当被重新定位为服务与咨询部门，负责为企业的各个业务部门提供人才信息、绩效评价标准、组织培训活动及实施培训方案等。以下是对其主要变化的概述：

1. 服务对象的改变

当前的人力资源管理已经不再只关注个别员工和他们的福利，而是将服务范围扩大到了企业的高级领导、各级组织的主管乃至企业股东。

2. 工作重点的改变

工作重心已经从传统的人事政策制定、执行以及福利管理转变为协助公司应对各种商业挑战的绩效管理方法，同时提供关于组织收益和发展的咨询服务。

3. 目标达成方式的改变

我们的主要方式是依赖于内控机制和工作场所的平稳状态来达成目标；然而，如今我们更加重视的是提供个性化方案以提升组织的效率。唯有理解并接受这种变化，我们才有可能准确掌握人力的最新动态，从而灵活地调整人力定位，以此助力公司迎接新的时代挑战，产生更大的经济价值，达到最大限度的经济收益。

（二）人力资源的角色转型

在探究中国的人力资源管理过程中，我们发现要提高人力资源管理的战略地位，并确保其与公司运营管理的紧密结合，人力资源管理需要在公司内部扮演以下四个角色：战略伙伴、专业咨询师、员工服务供应者和改革领导者。

通过这样定位人力资源管理的角色，它必然能够有力地强化企业的核心竞争力，使企业在激烈的市场竞争中占据优势。然而，要实现这一转变并非易事，首要任务是转变人力资源从业者的心态，随后需致力于构建这些新的能力和体系，并且还要积极与其他企业高层进行沟通协作。这是一条充满挑战但不可或缺的路径，唯有切实执行，才能有所建树，帮助企业从容应对当前广泛且复杂激烈的竞争环境。

第六章　现代人力资源管理与企业财务管理的整合与优化

第一节　人力资源管理与企业财务管理的现状与改进措施

当前，世界经济飞速发展，中国经济正处于转型期。对企业而言，人力资源管理的水平关乎其未来发展速度。只有实现管理的系统化、合理化和科学化，企业才能长远发展。同时，财务管理的作用也不容小觑。本节主要探讨人力资源与财务管理的现状和改进建议，旨在通过两者的结合，实现资源最大化利用。

一、人力资源管理与财务管理的现状

（一）人力资源管理存在的问题

1. 企业对人力资源管理的重视程度不够

从当前我国企业的发展前景来看，部分企业的人力资源法律制度与流程构建仍有待改进，相比其他管理领域，其在人力资本管理上的投资相对匮乏。这种现象可以归结为两个关键因素：首先是对人力的价值及其发展的策略认识不足；其次是员工工作安排的不充分，且财务支持也有限。事实上，大部分的中国企业并没有把人力资源管理工作视为战略层面的问题。许多企业的运营负责人更专注于产品制造和市场营销，而忽略了人力资源管理对于企业发展的重要性。

2.企业人力资源的管理机制不够健全，存在一定的问题

企业在构建人才队伍时缺乏科学系统的管理机制和明确的管理办法，这导致人才队伍建设及员工培训等方面存在问题，影响了企业的发展。人力资源管理存在的主要问题包括：员工素质能力参差不齐；存在一人多职的情况，降低了整体工作效率；工作配置不合理。

（二）财务管理存在的问题

1.企业财务管理制度不够完善

企业在实际管理中，财务管理并未完全独立，导致执行任务时问题频出。此外，企业缺乏科学有效的内外监督和责任追究制度，责任界限模糊，难以在问题发生后准确划分责任，进而影响了企业财务管理水平的提升。

2.企业财务管理监督机制不够健全

现在，我国部分企业的财务管理缺乏有效监控系统。这个系统通常由内部和外部两部分构成，但大多数企业只拥有内部监督，而没有外部监督。审计人员和监察人员往往因为不愿承担责任，从而阻碍了企业的长期发展。

我国一些企业在财务管理上存在认识偏差，高层管理者更侧重于财务核算，却忽视了财务管理与监督工作的重要性，而这两方面直接决定了财务部门整体的工作质量。事实上，财务核算只是财务部门的一小部分，有效的财务管理与监督能够及时发现并解决问题，从而提升整个部门的工作水平。有些企业的基层管理部门在日常工作和财务报表统计上投入了大量资源，却忽视了某些关键的财务管理环节，留下了隐患。加之管理职责不明确，缺乏有效的监督和管理机制，问题难以及时发现，使得企业财务管理面临潜在风险。

二、人力资源管理与财务管理存在问题的主要成因

企业人力资源管理和财务管理之所以存在问题，究其根源在于企业没有妥善处理好这两者的关系，导致了它们之间的不平衡，也没能

互相促进。

（一）企业重财务轻人力

传统上，企业的核心管理部门常是财务管理部，因其工作直接关系企业经济效益，如编制财务报表、控制成本等。然而，若将人力资源部视为辅助部门，忽视其重要性，可能会引发员工问题，削弱企业核心竞争力，不利于企业的长期稳定发展。

（二）企业轻财务重人力

刚成立的企业往往存在过分看重员工数量却忽视了财务状况的问题。这类公司在其早期发展过程中，主要关注的是人员配置的管理，他们会以高档办公设施及丰厚的薪资福利作为诱饵来招募优秀的人才，并积极扩大招聘规模。然而，因为刚开始业务量与利润都相对较低，所以财务管理的职责并未得到充分发挥，从而引发这一问题。企业应同等重视财务管理和人力资源管理，充分发挥两者的作用。假如企业在财务管理上存在缺陷，那么在市场变动和冲击的情况下，资金链可能会遭遇困扰，从而对企业的持久稳定发展产生影响。

三、人力资源管理与财务管理的改进建议

（一）建立良好的人力资源运营环境

人力资源运营环境主要分为内部和外部两方面。内部环境涉及企业内控管理制度和企业文化等；外部环境则包括劳动力市场信息及与企业相关的法律法规等。这两方面环境对企业发展至关重要。因此，企业应努力营造更好的人力资源运营环境，以确保企业能够长远稳定发展。

（二）创新人力资源管理理念

企业应更新人力资源管理理念，重视人员配置，详细分析整理员工信息。在分配工作时，需综合考虑员工性格、能力和素质等因素，

科学合理地安排，确保人尽其才，从而从根本上增强企业核心竞争力。

（三）创建更为科学合理的薪酬分配体系

企业要优化人力资源财务管理，激发财务人员的积极性，关键在于建立科学合理的薪酬制度。薪酬应与工作绩效紧密相连，并设计多元化激励机制，结合物质奖励和荣誉表彰，以激发财务人员的潜能，助力企业顺利实现目标。

（四）转变财务管理机制

企业要构建财务管理的基本框架，包括决策层、管理层和执行层。决策层负责把握企业收支大局和未来经营方向；管理层深入分析财务计划并向决策层反馈，提出解决方案；执行层则遵循财务管理规定执行。这三个层级需协调一致，确保有效沟通。

（五）建立有效的财务管理监督机制

企业财务管理应建立科学有效的监督机制，包括内部和外部两个方面。内部监督关注组织架构和人员，外部监督则强调审计人员和部门要履行职责，确保财务报表等信息的真实性和有效性，以维护财务管理的公正性。

企业发展离不开善用和留住人才，因此人力资源和财务部门需做好管理工作。财务是企业发展的核心，资金短缺会严重影响企业发展。所以，企业应结合自身特点，树立正确的管理理念，不断完善财务分配和奖惩制度。

总之，在企业发展中，人力资源与财务部门间的协调至关重要。财务部门需有效落实预算管理和绩效考核，确保经费合理使用。同时，人力资源部门应不断提升人力管理和发展水平，为各部门提供人才保障。

第二节 人力资源管理与企业财务管理的双赢模式

财务管理长期以来对企业发展起着关键作用，管理不善可能导致企业经济损失，凸显了其在企业中的重要地位。然而，我国企业对待人力资源管理的态度与财务管理大相径庭，这主要源于我国经济体制的特点。本节将深入探讨人力资源管理和财务管理的关系，并提出构建两者双赢模式的策略，供读者参考。

一、人力资源管理与财务管理在企业中的地位

近年来，随着经济结构改革，人力资源管理在企业中的地位有所提升，但仍不及财务管理。为缩小两者差距，我国在改革过程中积极调整相关因素。如今，国家经济发展迅速，外贸交易增长，但经济结构转变使企业获利减少。因此，需合理结合财务管理与人力资源管理，提升人力管理地位，以促进企业健康发展。

二、人力资源管理和财务管理的关系分析

（一）企业重财务、轻人力

调查我国部分企业发现，它们发展中存在两个极端，先说说"重财务、轻人力"这一极端。多数企业在制定规章制度和发展方案时，会采取相应的管理策略。但在此过程中，部分企业过分看重财务管理，严重忽略了人力资源管理。这导致企业发展以销售为主导，与产品服务产生偏差。若企业不改变这一管理模式，其核心竞争力将不复存在。例如，2008年金融危机让许多工厂倒闭，因缺乏订单和产品难以维持。但德国受影响较小，因其制造产业发展早，企业重视人力资源和财务

管理。德国企业会培训、考核员工，提供法律保障，实现企业与员工共同发展，显著提升了发展效果。

（二）企业重人力、轻财务

企业发展的另一极端是重人力、轻财务。改革开放后，我国劳动力密集，员工管理难度加大。这种问题多见于初创企业，特别是科技创新型企业，它们急需专业人才。为吸引人才，这些企业租用高档办公场所，提高薪资，提供多种福利。但这种模式对企业发展影响严重。初创企业资金不足，若银行和投资人无法提供资金，企业可能破产。例如，一些团购网站高薪聘请人才，但因经营模式不成熟，最终裁员甚至倒闭。

三、建立人力资源管理和财务管理双赢模式

（一）转变传统的企业管理观念

企业要长远发展，必须重视人力资源管理，将其纳入企业管理方案，与财务管理同等看待，以引起员工重视。经营者应发掘员工潜力和能力，避免仅将其视为盈利工具，而应提供更多发展机会，提升员工地位。这样员工才能感受到自身价值，增强责任感。同时，企业要合理管理财务，促进财务与人力资源人员的合作，为发展奠定良好基础。只有转变传统管理观念，企业才能持续上升发展。

（二）结合心理学，进行人力资源管理

对于企业经营者来说，有效管理员工，确保企业稳健运行与持续发展，关键在于深入了解员工的心理状态。基于员工的心理特征，企业应精心制定人力资源管理策略，充分利用心理学原理，辅助领导者准确把握员工心理动态。当前，部分企业员工正面临日益增大的压力，负面情绪不断累积，这不仅会影响员工的情绪稳定，还可能给企业的运营带来负面影响。例如，当管理者频繁抱怨或指责员工时，会严重损害员工的工作热情，导致其无法全心全意投入工作，进而降低工作

效率。为了激发员工的工作积极性，促使他们主动投入工作，企业在实施人力资源管理时，应融入心理学元素。具体举措包括定期举办心理讲座，邀请心理专家为员工进行心理疏导，缓解压力。对于中小型企业而言，企业经营者可以亲自带领员工参与娱乐活动，以此体现对员工的关怀与重视，这不仅有利于员工的身心健康，还能帮助他们建立积极的工作态度。人力资源管理的发展必须紧密结合企业的实际情况。在发展过程中，企业应努力为员工创造优质的生活与办公环境，并根据企业实际情况，提供住宿、开设员工食堂、提供交通补助和话费补助，以及为员工办理保险等福利。此外，企业还应定期组织员工培训，提升员工的专业技能，帮助他们实现个人价值。

（三）重视员工存在的压力和情绪

人类的情绪大致可以划分为兴趣、快乐、惊奇、愤怒、哀伤、恐惧、反感、蔑视以及羞愧等几种。因此，在构建人力资源管理体系的过程中，管理者应当充分考虑到人的情绪波动。通常情况下，人们遭遇不顺心的事情时，容易陷入消极的思维模式。若不及时排解这些消极念头，人的心理状态会受到严重冲击，进而滋生负面情绪，而这种情绪还会波及周围的人。拥有负面情绪的员工会让整个企业的工作氛围变得压抑、缺乏朝气；相反，情绪积极的员工能够激发同事的热情，促进彼此的共同进步。所以，企业应当把员工的情绪管理放在重要位置，鼓励情绪积极的员工去影响并带动情绪消极的员工，同时给予员工必要的鼓励和支持。管理者还需要掌握技巧，帮助员工疏导负面情绪，使他们能够心情舒畅地投入工作。此外，企业还应实施压力管理，针对不同年龄段的员工，制定个性化的减压措施。只有当企业管理者真正重视起员工的情绪与压力管理，才能获得积极的反馈与成效。

（四）企业财务管理实行合伙人制度

对于不少中小型或初创企业来说，一种可行的选择是采用合伙人制度。这种制度意味着由至少两位合伙人共同拥有公司，并共同享有公司盈利。作为公司的所有者或股东，合伙人的组织形态有其显著特点：首先，合伙人既要共享公司的盈利，也要共担亏损；其次，他们需积极参与公司的日常运营与管理；最后，合伙人拥有提出改进建议，对合伙架构进行适时调整的权利。在实施合伙人制度时，确保财务管理体系的有效运行至关重要，合伙人需携手筹集资金，吸纳更多人才，并共同面对风险。唯有如此，企业方能稳健前行。因此，企业在挑选合伙人时，应设定相应的标准。企业需明确合作机制的实施流程以及合伙人的权责范围。企业的发展离不开全体成员的共同努力，只有员工团结一心，合伙人制度才能发挥出更大价值，从而让员工从中受益，激发其工作积极性。这种互利共赢的模式有助于企业吸引并留住人才。在执行合伙人制度时，企业经营者需深入理解其内涵及核心作用，并严格按照相关要求执行。

（五）在财务管理中让员工持有股份

大型企业在财务管理中可推行员工持股制度，这一制度能让员工从执行者转变为企业发展的主导者。员工持股能从根本上激发其积极性，加强员工与管理层的沟通，让员工有更多发言权。这有助于实现企业与员工利益的统一，达到人力资源与财务管理的双赢。同时，员工持股制度需建立严格的管理规定，包括股份转让、分红等，确保在公平公正的基础上，有效调动员工的积极性。

总而言之，为了在我国企业中实现人力资源与财务管理的双重成功，企业必须平衡经济效益与员工个人发展的关系，对这两项管理进行准确的数据分析与深入的质性评估。企业不应过分追求财务增长而忽视员工的情感体验，否则员工不仅不会为企业增值，还可能选择离职，寻找更好的职业机会。企业经营管理者若希望维持企业的正常运转，就必须摒弃传统的管理理念，深入探索心理学领域，从心理学视角洞察员工的思想动态与工作心态。管理者需设身处地为员工着想，合理减轻其工作压力，缓解负面情绪。当员工真切感受到自身权益未受侵害时，他们才会更加主动地投入工作，提高工作效率，为企业贡献更多力量。在财务管理层面，企业可通过员工持股或合伙人制度等方式激励员工，以此点燃他们的工作热情，更好地服务于企业。只有当企业妥善协调好财务管理与人力资源管理的关系，才能充分发挥其效能，推动企业持续发展。

第三节　人力资源管理与企业财务管理对应模型探讨

近年来，企业越来越重视人力资源管理，人力资源部门地位显著提升，特别是转型中的企业更需大量人力支持。同时，财务管理也是企业运营的关键，与人力资源管理密切相关。因此，企业应深入研究并应用这种关联，充分发挥两者价值，推动企业健康发展。

一、人力资源管理与财务管理的对应分析

20世纪80年代中期，国内众多企业开始广泛应用人力资源会计于管理和员工绩效评估。早在1980年，潘序伦先生就提议开展"人才会计"，此后，会计界深入研究了人力资源会计的多个问题，取得了显著成果。

企业人力资源管理分析：管理人力资源时，应视其为一种资源，配置不当会导致资源浪费，影响企业经济效益。人力资源的独特之处在于其能动性和创造性。员工能自动适应岗位需求，凭借丰富的理论和实践经验高效工作，发挥最大潜能，为企业创造更多经济效益。

企业人力资源财务管理：为提升人力资源管理效率，企业应建立简洁的人力资源分配计算体系，提供准确的人力与财务信息，为管理打下坚实基础。这样，人力资源部就能根据企业财务状况和人才现状合理分配资源，避免人才浪费，确保每位员工得到重用，发挥最大效能，从而显著提升企业经济效益。

企业人力资源与财务管理的对应：在企业运营中，人力资源管理占据核心地位，其相关信息也频繁出现在企业的财务报表里。然而，

人力资源会计的工作重点是处理与人相关的事务，而非货币计算，这使得人力资源难以直接用货币指标体现在财务报表上，进而加大了审计的复杂性。因此，会计人员在将人力资源的使用情况记录进财务报表的同时，还需附加人力资源使用分析报告，以全面反映企业人力资源的使用状况，从而助力企业更有效地管理人力资源。

二、人力资源管理与财务管理的有效对接

企业在整合财务与人力资源管理时，需将人力资源纳入财务管理范畴，分析人力资源使用的资金，实现财务管理的全面计量。通过科学核算人力资源，为企业提供决策支持，实现人力资源的量化管理。

在衡量货币性价值时，企业有多种方法可选。第一，可以采用薪酬折现法，将员工从入职到退休的所有薪资，按一定折现率折算为现值。第二，使用商誉法，通过比较企业历年收益与行业平均水平，将超出部分视为人力资源贡献，并资本化为人力资源价值。第三，可选择机会成本法，通过内部部门竞标确定人力资源价值。第四，调整后的薪酬贴现法，即薪酬现值乘以获取概率系数。第五，指数法则基于基期人力资源价值预测其未来价值。

在非货币价值评估上，企业同样可选用多种手段。第一，潜力评估法，用于衡量员工的潜在价值。第二，综合评价法，通过评估员工的业务水平、个人素质和健康状况等来确定人力资源价值。第三，技能列表法，以表格形式记录员工各项指标，作为考核人力资源价值的主要依据。第四，类推比较法，设定一个标准人力资源作为参照，通过比较其他人力资源与价值来推算其价值。

通常，企业会采用群体计量来评估普通员工的价值，反映他们的整体贡献。而对于管理人员或高级员工，则采用个人计量，结合货币和非货币计量方式，详细评估他们的个人价值，以全面体现人力资源的重要性。

三、优化人力资源管理与财务管理对应模型效果

优化人力资源管理与财务对应模型，能够提升企业的人力资源与财务管理水平，主要体现在以下两个方面：

（一）注重智力资源

在知识经济和信息化的时代，IT技术在人力资源管理中被广泛应用，同时人的因素在企业管理中愈发关键。当前，企业需关注提高人力资源管理效率、吸引优秀人才、加强绩效评估、降低人力成本、实现人力资源价值以及发挥智力资源潜力等问题。

智力资源涵盖人力资源和无形资产两大方面。过去，企业在资源管理上多侧重于物力资源，对智力资源的运用不够重视，认为它对企业发展的影响不大，而将重点放在机械设备和材料的管理上，视其为提升经济效益的有效途径。然而，在当今市场经济的发展中，智力资源已成为企业生产经营的关键要素，发挥着举足轻重的作用。因此，企业应增强对智力资源，特别是人力资源管理的重视，将全体员工既视为财务管理的对象，也视为服务的对象，确保他们的知情权和监督权得到行使，从而进一步提升企业的人力资源价值和财务管理成效。

（二）建立完善的薪酬激励制度

一个合理的薪酬激励制度能够积极激励员工，使企业的人力资源价值得到充分发挥。在制定这一制度时，企业应秉持公正、公平的原则，并充分利用人力资源管理与财务管理的对应关系。对于普通员工，薪酬激励制度应基于岗位确定薪资，并以人为本，提供符合员工实际需求的福利政策。而对于关键技术岗位的员工，薪酬激励制度应确保与市场价位相符，防止因薪资低于市场水平而造成人才流失。这样一来，人力资源价值就能得到充分发挥，从而优化人力资源管理与财务管理的对应关系。

（三）健全"以人为本"的薪酬激励制度

构建"效率优先，兼顾公平"的薪酬体系：首先，高层管理人员实行年薪制，依据岗位实际设定薪资，与普通员工拉开差距。其次，针对高技术和管理关键人才，实施特殊薪酬制度，提升待遇，防止流失。最后，普通员工则采用技能和工作导向的岗位工资制，根据岗位确定薪资，岗位变动时薪资也相应调整。

企业应正确认识人力资源管理与财务管理之间的对应关系，并将其紧密结合，以提升整体管理水平。这样做有助于企业在激烈的市场竞争中获得更多经济效益，进而提升市场地位。

参考文献

[1] 陈光辉 . 新经济条件下企业财务管理的变革探讨 [J]. 新经济，2015
（32）：61—62.

[2] 高银娜 . 互联网＋背景下中小型企业财务管理前沿问题探析 [J]. 科
技经济市场，2018（04）：49—51.

[3] 胡淑姣 . 人力资本对企业财务管理的影响分析 [J]. 北方经济，2005
（13）：52—53.

[4] 胡淑姣 . 人力资本对企业财务管理影响探析 [J]. 理论探讨，2005
（06）：73—75.

[5] 华淑佩 . 基于多学科视角的企业财务管理拓展与创新探讨 [J]. 市场
瞭望，2023（19）：108—110.

[6] 蒋俊凯，李景刚，张同乐，等 . 现代高绩效人力资源管理研究 [M].
北京：中国商务出版社，2020.

[7] 焦婧雯 . 统计数据分析在现代企业财务管理中的应用 [J]. 现代商业，
2020（02）：182—183.

[8] 寇改红，于新茹 . 现代企业财务管理与创新发展研究 [M]. 长春：吉
林人民出版社，2022.

[9] 李海云 . 提高企业财务管理水平及完善激励机制 [J]. 经济研究导刊，
2015（02）：226—227.

[10] 李贺 . 中小企业财务管理存在的问题及对策探究 [J]. 中国中小企业，
2021（01）：130—131.

[11] 李良俊 . 新时期企业财务管理地位及加强企业财务管理策略探讨
[J]. 商业 2.0，2023（17）：63—65.

[12] 李尚兵 . 浅谈企业财务管理创新模式 [J]. 财会学习，2016（03）：30.

[13] 李太勋 . 浅议新经济背景下企业财务管理的创新 [J]. 财会学习，2017（02）：80.

[14] 李文超 . 企业财务管理的地位及管理方法 [J]. 黑龙江科学，2019（07）：126—127.

[15] 梁霞 . 人力资源企业财务管理风险与内部控制策略 [J]. 现代企业文化，2024（02）：33—35.

[16] 刘国庆 . 财务会计与企业管理研究 [M]. 北京：中国商务出版社，2023.

[17] 刘蕊 . 财务共享下的企业财务管理转型研究 [J]. 上海商业，2023（01）：139—141.

[18] 刘素军 . 现代企业管理 [M]. 青岛：中国海洋大学出版社，2019.

[19] 罗国萍 . 企业财务管理创新模式初探 [J]. 财会通讯，2014（32）：126—127.

[20] 马杰 . 精细化管理在企业财务管理中的运用 [J]. 全国流通经济，2021（08）：73—75.

[21] 马晓英 . 对战略型财务管理的思考 [J]. 甘肃农业，2008（09）：29—30.

[22] 潘燕玲 . 试论制造企业财务管理中存在的问题及解决措施 [J]. 纳税，2021（07）：96—97.

[23] 彭朝帆 . 论我国企业财务管理的发展趋势 [J]. 中国集体经济，2010（13）：156—157.

[24] 邵正辉 . 国有企业财务管理中存在的问题及对策 [J]. 中国乡镇企业会计，2013（11）：86—87.

[25] 石晓莉 . 企业财务管理的地位及加强企业财务管理的方法 [J]. 财经界，2016（21）：254.

[26] 苏文佳 . 企业人力资源管理与企业财务管理协同发展分析 [J]. 中国

物流与采购，2024（08）：93—94.

[27] 孙宝连 . 企业人力资源开发与管理研究 [M]. 北京：北京工业大学出版社，2018.

[28] 田占广，冷思平，王明雪 . 现代企业管理与创新 [M]. 南昌：江西科学技术出版社，2020.

[29] 王彩艳 . 业财融合问题在企业财务管理中的分析 [J]. 现代营销（经营版），2020（10）：212—213.

[30] 王见素 . 数字化转型视角下的国际企业财务管理思考 [J]. 财经界，2023（09）：129—131.

[31] 王莉 . 现代企业财务管理中的税收筹划应用探讨 [J]. 商讯，2019（25）：26—27.

[32] 王雅 . 浅议人力资源会计与企业财务管理 [J]. 甘肃高师学报，2012（05）：94—96.

[33] 王冶琦，赵广 . 人力资本财务管理探析 [J]. 黑龙江对外经贸，2011（01）：155—156.

[34] 温晶媛，李娟，周苑 . 人力资源管理及企业创新研究 [M]. 长春：吉林人民出版社，2020.

[35] 温晶媛，李娟，周苑 . 人力资源管理及企业创新研究 [M]. 长春：吉林人民出版社，2020.

[36] 吴灿灿 . 企业财务管理内部如何管控 [J]. 营销界，2019（26）：26—27.

[37] 吴坤 . 浅谈企业财务管理地位及加强企业财务管理的方法 [J]. 现代营销（下旬刊），2017（08）：173—174.

[38] 吴振彪 . 对创新企业财务管理机制的几点思考 [J]. 内蒙古科技与经济，2005（23）：70—71.

[39] 伍小敏 . 人力资源企业财务风险管理探讨 [J]. 老字号品牌营销，2023（06）：162—164.